南極
Antarctica

南極洲

世界最後的淨土

ANTARCTICA

南極洲是地球最南端的洲，大部分區域都在南極圈內，四周被南冰洋環繞，占地球陸地面積的十分之一。南極洲是地球上最寒冷、乾燥、多風的大陸，是唯一橫跨所有經線的洲，更是世界上平均海拔最高的洲。全境為冰雪覆蓋，占地球冰蓋面積的百分之八十以上。一年中最寒冷季節南極洲的平均溫度低至 -63℃，一九八三年曾觀測最低溫度為 -89.2℃。南極洲沒有永久居民，但每年居

國　名｜南極洲
Antarctica（英語）
官方語言｜無（旅遊時多以英語溝通）
首　都｜無城市。人口最集中的地方為美國的南極科學研究總部「麥克默多站」，俗稱「麥克鎮」，又被封為「南極首都」。
土地面積｜1,400 萬平方公里（冰覆蓋區域：1,372 萬平方公里；無冰區域：28 萬平方公里）
人　口｜約 5,000 人（非永久居民）

住在這裡的科研人員有一千至五千人。

目前共有五十四個國家簽署《南極條約》，該條約意在支持科學研究及保護南極生物地理分布區，並禁止在南極洲進行的一切軍事活動、核爆炸試驗以及處理放射物的行為。

豪華郵輪的美食盛宴

Check

日月合朔號（Scenic Eclipse II）船上配有 9 間餐廳、4 間酒吧，飲食類型包含義式、法式、亞洲風味等，帶給賓客最多元、最滿足的味覺饗宴，精選介紹如下：

Lumière 法式餐廳

須提前預訂，晚餐期間提供高級法式料理與香檳酒吧。

Koko's 亞洲風味料理

午餐和晚餐期間為亞洲融合餐廳和清酒酒吧。品牌旗下另有提供日式料理的 Koko's Sushi，以及提供以亞洲、印度和中東為發想的鐵板燒燒烤料理 Koko's Teppanyaki。

Azure Bar and Cafe 咖啡輕食

早餐期間提供輕食與咖啡的悠閒餐廳。

Elements 義大利餐廳

主餐廳，主要提供船上早餐，午餐和晚餐期間則供應義大利麵、牛排和海鮮等義式餐點。

Chef's Table 主廚私宴

此為邀請制，主廚將解釋他在每道菜中使用的世界級技術和食材的來源，享受精緻的私人晚間品鑑會。

醉人心扉的
夜晚時光

Check

○ **Observation Lounge 景觀酒吧**

○ **Panorama Bar 全景酒吧**

○ **Scenic Lounge 大廳酒吧**

航行之路的
奢華享受

Check

○ **瑜珈空間**

The Yoga Studio

○ **戶外游泳池**

Vitality Pools

○ **劇院**

Theater

○ **芳療按摩**

Senses Spa

極地生物
百科

Check✓

藍眼鸕鷀 *Blue-eyed shag*

是一種被鳥類專家封為「超級鳥」的南美洲海鳥，可以在四十秒內潛入大約四十五公尺深的水中。鸕鷀伴侶從營巢孵卵到哺育幼雛，和睦相處、相互體貼，因此中國古代常把鸕鷀作為美滿婚姻的象徵。

阿德利企鵝 *Adelie Penguin*

特徵為白白一圈的眼眶，以石子築巢。這些小石子不只是築巢的建材，更是阿德利企鵝的寶物，有勇石頭可以擄獲異性的心，所以阿德利企鵝常常趁鄰居不注意時偷取他們的小石頭。

帽帶企鵝 *Chinstrap Penguin*

猶如戴黑色綁帶的頭盔，貌似嚴肅的警察。牠們每年都會回到同一伴侶身邊，並與族群挑選較偏遠、嶙峋的岩礁作繁殖地，以防海豹等天敵襲擊。又稱南極企鵝或紋頰企鵝。

巴布亞企鵝 *Gentoo Penguin*

又稱金圖企鵝、白眉企鵝或紳士企鵝。恍如身穿一襲黑色燕尾服，加上優雅姿態使牠得到紳士企鵝的稱號。巴布亞企鵝是所有企鵝裡面泳速最快的，時速可達三十六公里。

ANTARCTICA

座頭鯨 Humpback Whale

平均身長十六公尺，牠們會利用特殊的「唱歌」方式來溝通，座頭鯨有百分之九十左右的時間都在水底下，需要一點運氣才能看見牠躍出海面的壯麗景象。

南極小鬚鯨 Antarctica Minke Whale

是體型最小的鬚鯨屬之一，腹部白色，有兩條淺灰色斑紋沿兩側向上。南極小鬚鯨分布在南半球的海洋，夏天時會比較靠近南極，冬天時則向北遷徙。

韋德爾氏海豹 Weddell Seal

體型相當龐大，雌性體型大於雄性，韋德爾氏海豹常見於固定冰或內陸冰上，牠們以小群聚集在冰的裂縫周圍，由於較為溫馴，而且牙齒沒有食蟹海豹尖銳，使牠們的獵食者更容易捕食。

食蟹海豹 Crabeater Seal

習慣潛在冰層底下躲避天敵，具有宏亮的叫聲，甚至可以穿透冰層呼喚水裡的夥伴；但也經常可以看見牠們躺在冰上悠閒慵懶的可愛模樣。

象鼻海豹 Elephant Seal

分為北象鼻海豹和南象鼻海豹。雄性南象鼻海豹不僅是最龐大的鰭足動物，更是地球上最大的食肉目動物。象鼻海豹會用鰭來支撐及推動身體，能夠在短距離內走得很快，生性暴躁且戰鬥力極強。

豹海豹 Leopard Seal

又稱為豹形海豹或豹紋海豹，是南極地區體型第二大的海報，僅次於南方象鼻海豹，虎鯨（Orca）是牠們唯一的天敵。

純白色蜜月禮讚

Cindy／紀達

我是Cindy，和紀達是相差四歲的小夫妻，太太鬼靈精怪，先生穩重沉著。這趟旅程，雖然主要以我的視角為第一人稱書寫，但先生是我的眼和口，我是他的心和手，沒有溫柔細心的他提點諸多細節，我無以完成本文。撰寫遊記的初衷，除了記錄旅途所見所聞的感動，亦是提醒彼此永遠扶持相愛廝守。

目次 CONTENTS

的健康狀況適不適合去南極？……凡此種種。於是，我們舉辦了超過五十場的南極日月合朔號講座，幾乎所有元本的客人都參加過，約有近半數的客人在一年前聽完講座後就報名南極的行程，計劃許久的這趟南極偉大旅行，終於在二〇二三年底實現了。

於是，連續兩個年度，我親自踏上了南極大陸，第二次更是衝進了南極圈。令我訝異的是，一次比一次感動，這些感動除了來自南極大陸的登陸活動、生態、冰山，還來自於人。當你能夠與自然生態這樣近距離接觸，能聽到企鵝的叫聲與鯨魚的呼吸，在衝鋒艇巡航時看著冰山以各種姿態矗立眼前，抱著海面撈起的萬年黑冰；又或與熱情專業的探險隊互動，在探險船上的某一角落找到自己喜愛的空間，享受船上美食美酒與細緻服務……每一趟南極之行，都讓人留下此生難忘的回憶。

全球暖化下，極地地區首當其衝，我們的登陸活動謹守《南極條約》規範，即使音量都受到控制，並與動物保持至少五公尺的距離。探險隊專家授予我們的知識，更讓我們經過一趟南極行之後，人人都成為環保大使，更加愛護這個地球，並將環保觀念傳遞給身邊的人。二〇二四年一月初，我們返回臺灣，大家回到工作崗位又開始忙碌的生活，並準備著農曆年節的大小事，與在船上的日子相較，迥然兩個世界。然而屬於南極的那個世界，依然在內心深處，午夜夢醒，猶覺自己還在那塊純淨的大陸上。這本《追夢到南極》，記錄著大家在這趟南極之行的各種感動，這感動既來自於景物，更來自於共同參與這一切的每一個人。

在此，也特別感謝華視陳雅琳主播與她的金鐘製作團隊為此趟日月合朔號圓夢做了紀錄，也透過鏡頭讓更多人認識南極生態，並了解環境保護的重要。

元本旅遊創辦人／董事長

序一 解鎖你的南極夢想清單

南極，世界最後一塊淨土，不屬於任何一個國家，屬於全人類共同所有的一塊大陸。這片與世隔絕、占地一千四百萬平方公里的土地，發現至今不過兩百多年，此處沒有永久居民，這裡的主人是企鵝、是海豹、是鯨魚。二〇二三年十二月，由一百八十六名臺灣人組成的南極遠征隊，包下最新的極地探險船「日月合朔二代艦」，這是史上第一次將有百位臺灣人踏上南極大陸，那一刻大家有著莫名的感動。

二〇二二年，全球處於後疫情時期，國門尚未開放時，我思索著當國門重啟，大家最想去的地方是哪裡？腦海中開始浮現幾個關鍵字：自然純淨、遠離人群、人間仙境……隨後「南極」二字躍然而出，沒有第二個地方更吻合這些關鍵字了！於是我們選定了探險船，再經過三個多月的談判，終於敲下了 Scenic Eclipse II 探險船的合約。當時這艘船還在克羅埃西亞的造船廠，半年後才正式下水，船公司授權我們針對此趟臺灣包船給予 Eclipse II 中文命名，「日月合朔號」於焉誕生。包南極探險船大不易，時值臺灣疫情高峰，國門未開，而船公司又面對全球市場蓬勃的需求，對於是否讓臺灣包船頗感疑慮。最後，我致信船公司，表示歷經了三個月的反覆溝通卻仍無法確認合約，我們打算放棄了。我的信件輾轉傳達到船總公司的營銷總經理 Anthony Laver，最終由他出面同意了這個合約，隔週國門突然正式打開，我印象深刻，那是二〇二二年十月十三日，長達九百三十七天的封控終於解鎖了！這也開啟了人生夢想清單的第一道鎖。「水到渠成」正可形容我當時的心境，「南極日月合朔號包船」成為元本旅遊成立後的第一支獨特產品。

「南極」對於多數臺灣人來說，就是「難及」——除了距離遙遠，資訊也很少，身邊的朋友很少人真正去過，充滿無數問號：恐怖的德瑞克海峽是不是真的很晃？南極是否很冷？登陸到底是什麼情景？企鵝、海豹跟動物園裡有什麼不同？長時間在探險船上生活會不會很無聊？需不需要很強的活動力才適合去南極？我

我的夢想清單 04

追夢到南極

日月合朔 極地探索
奢華之最 圓夢之旅

南極圓夢家

Cindy、紀達、小布希、蘇昱彰、柯佩君、
江亦靜、王瑩、陳怡吟、詹文河、
黃郁晴、郭春和、KIRIKOU、朱芝華、
KEKE、胡瑞升、方欣、Mini、林清華／合著

當我更仔細地多回味一點，
這些細節，又會像日落的潮汐，
從遠端的海平面，捲浪滾動到沙灘上，
輕聲撩撥著我的心弦。

你對蜜月旅行的想像是什麼樣子呢？在我的想像裡，也許是與愛人驅車在西西里島的蜿蜒道路上，眺望海天一線的蔚藍海景和點點繁星；也許是信步在普羅旺斯的紫色花海中，領受撲面而來的薰衣草香氣和陣陣微風。如果喜歡人群和霓虹，這趟旅程可以是與愛人牽手遁入紐約時代廣場的茫茫人海；如果嚮往異域和歷史，這場冒險可以是與愛人騎著駱駝走入北非撒哈拉的滾滾紅塵。

於我，七大洋五大洲，近兩百個國家，談及我所能想像「有特色」的蜜月旅行，或許是參觀奇幻詭譎的埃及金字塔、見證寫實震撼的肯亞動物大遷徙、拜訪巍峨雄奇的杜拜哈里發塔，抑或是一覽變幻莫測的芬蘭極光。在這些書本上曾閱覽的世界奇景或文化遺產，皆是我所能想像的未竟之地，簡而言之，世界上的某個角落，總有一個是我與愛人啟程的方向。

蜜月起點

「我們蜜月去南極如何？」一個再平凡不過的日常，尚是未婚夫的先生，手拿著旅遊傳單興奮地如此說著。夜裡尋思千百迴的眾候選蜜月地點們，就在剎那間「轟」地悄然而散。我驚呼：「南極？」未婚夫雙眼發亮地說：「對！世界的盡頭——南極！很酷吧！」我壓抑著驚訝的神色，佯裝驚喜地應和道：「喔！哦？……哇……聽起來很棒。」忖度這趟旅程的開銷、將至而來的婚禮花費，人體算盤在我心中飛快騰打著，我們之間的對話陷入一陣沉默。「我想一下。」最後我小聲回應。

原以為將此議題擱置，是以拖待變的最佳解法，然而在聆聽家人於阿根廷最南端邂逅企鵝的美好經驗分享後，未婚夫果斷著手洽詢旅行社。

「為了慶祝你們新婚到此蜜月，我們準備規劃一場南極海上證婚。」旅行社的業務Ines掩不住開心向我們解說。看著簡章上的回程日期，我不禁擔憂地倒抽一口氣：「回程三天後就是我們在臺灣舉辦婚禮的日子。」

「我們一定回得來，一定會搞定臺灣婚禮。而且沒有什麼比在南極舉辦婚禮還要特別的事！」顯然不在意婚期前三天才回臺的未婚夫持續大力鼓吹著。

眼看我蓄意挑出的問題點被未婚夫一一破解，只好尋思為此行找個合理的藉口，不如來個預算乾坤大挪移吧！將婚禮精簡為合辦一場所省下的費用，也把蜜月旅行預備購物所省下的費用，加之狠心挪出來年出國旅行的費用，就可以是我們前往南極的旅費。

呼！我總算急中生智為蜜月找到了很棒的理由。

漫漫來時路

九個月後，我們搭乘阿聯酋的班機正式啟航了。十二月中，北半球的寒冬正是南半球的盛夏，也是最適合前往南極的季節。因為唯有在這個時節，積雪深厚的萬年冰層，才得以在日照充足的永晝中短暫融雪，破冰船也才得以在南冰洋前行。

一百多年前，欲抵達冰封的南極極其困難，除了需仰賴國家的財力支持，更需借助最頂尖的船隻才得以成行。於是，冒險犯難的背後，除了為後人歌頌的拚搏精神，人們前往南極的理由終歸一說：挖掘不易發現卻極其龐大的隱藏利益。比如探險隊為彰顯國力而插旗南極點、科學考察船為研究探勘而駐紮營地、商船為磷蝦捕撈而過境至此……。

隨著科技演進，飛機型號屢屢推陳出新，抗浪、破冰的郵輪安全係數也不斷提升。一百多年後的現在，「南極」成為旅行社官網上令人眼睛為之一亮的主打產品。曾經以「極其困難抵達」

形容的夢幻之地，轉為「相對困難抵達」的人間仙境。從此，人們前往南極的理由不一而足：世界級玩家的最後一站、忘卻煩憂的療傷之旅、畢生心願的夢想境地、歡慶三十週年結婚紀念旅行，甚至是……新人海上婚禮。

雖說交通工具的演進，使得南極不再是遙不可及的夢想，然而對於位處亞洲第一島鏈上的我們仍十分遙遠不易。這是一趟需要轉機、中轉休息並再次轉機的漫長飛行，除了需要從桃園機場飛往杜拜，在杜拜飛往阿根廷首都的路途中，還需臨停巴西轉乘。我望著窗外的天空，由黑夜轉為白晝，在數次食之無味的飛機餐輪轉中，刺眼的太陽轉瞬又低垂走入星辰。

轉乘的機型由寬敞的空中巴士A380轉為曾經的空中女王波音747，即便我們幸運地毋需於巴西重新下機再入關，然而多一分地等待，對於已搭乘超過二十小時的旅客而言，都是多一分煎熬。我在座位上像隻全身痠痛的毛毛蟲，花式蜷曲地假寐著，緊閉的眼皮下，暗暗祈禱飛機傾刻間就能穿越任意門、抵達目的地。

飛機上沉睡的人們。

歷經近三十小時的第一階段飛行，飛機終於在眾人的鼓掌聲中順利降落在布宜諾斯艾利斯機場。黑夜籠罩，明星熒熒，一個月前甫至戶政事務所登記結婚的我與先生，首次以夫妻的身分，牽手走向海關詢話的小窗框。雖然排隊的人龍與海關間隔不過十五公尺，但對於撐了近三十小時、雙腳終於站在陸地上且累得七葷八素的我們而言，所有陌生的文字看板、膚色人種、語言對話、氣溫差距，在在使我們的感官體驗加倍放大，樣樣都使我們新奇。

在海關人員朝我們招手的那一刻，我不會忘記先生是如何緊握我手心，充滿自信地帶我走向海關，哪怕他總是你問我答、鮮少主動與外國人攀談，卻指著我向海關介紹著「My wife.」（我的妻子），這片刻的甜蜜滋味令我難以忘懷。

手上戴滿各式寶石戒指的海關小姐點點頭，就在片刻檢查後，一邊朝著我們簽證「哐、哐」地蓋下斗大的准入印章，一邊親切地說著「Buen viaje!」（旅途愉快！）。

轉機過境巴西機場的天色。

那晚，我們住進了市區的洲際酒店休息一宿，以便隔日養精蓄銳再出發。水晶燈懸掛的廳堂廊道，擺了一棵碩大華麗的聖誕樹造景；復古雕花的階梯扶把，點綴著閃爍的燈泡及紅花綠葉，處處瀰漫著聖誕節將至的溫馨氣息。抵達南極大陸的目標看似道阻且長，如今行則將至地近在眼前。就在領隊分發房卡、布達隔日集合時間時，這份無形的快樂和興奮，終於悄悄感染了因長程旅途而深感疲憊的團員們，大夥略顯精神，並於電梯上樓之際彼此安慰打氣：「加油，再搭一次飛機，明天就能登船啦！」

第一晚下榻布宜諾斯艾利斯洲際酒店的大廳。

你今天有吃藥嗎？

想必是腳踩地面予人的踏實感，即便前一晚休息時間並不長，但少了飛機顛簸的晃蕩，我們睡得極好。摸黑起早地相互問候，大夥臉上都帶著微笑，因為我們心知肚明，南極就在不遠處。

很榮幸加入臺灣首次包機、包船前往南極的旅行團，除了搭乘號稱史上最豪奢、四月甫下水的新郵輪「日月合朔號二代艦」，「包機」自阿根廷首都飛往最南端的城市烏斯懷亞，也是此行的賣點之一。儘管小飛機的餐食供應十分簡單，但自桃園機場一路憋屈近三十小時的輕聲細語後，包機的尊榮與優點不免在此格外放大。除了機長特別歡迎來自臺灣的旅客，狹小的機艙中，時不時傳來陣陣中文夾雜臺語的交談聲，使得我明明身處異鄉，卻倍感悅耳熟悉。

隨著安地斯山脈綿延不絕的稜線進入視線，我望著山頭越發堆積的皚皚白雪，心中的興奮感越是止不住地加速膨脹。窄小的停機坪，終於在歷經四小時的飛行後，迎來近兩百位的臺灣旅客。飛機降落的那一剎那，我們用力地鼓掌並歡呼，除了感謝機長及飛行人員的努力，也感激漫漫來時路始終堅持忍耐的自己。「終於要上船了！」大家興奮說著，宛如新年相互恭喜那般。

清冷的空氣，竄入我的鼻息，等待行李轉盤的空檔，大夥紛紛感受到逐步沁涼的寒意，也紛紛翻起背包中的禦寒衣物包裹著自己。隨著大巴士驅車駛入小鎮、準備轉向碼頭的空檔，初來乍到的旅人們紛紛拿起相機，捕捉這座沿海城市的清麗倩影。今日天氣不怎麼美麗，海鷗飛懸，海浪淘淘，朵朵白色的浪花拍打在離岸的漆黑礁岩上，映照著似灰似白的天空。停泊休憩的中小船隻，似是等待下一個晴朗的日子再次出航，而我們的大船卻在這不遠處，以與眾不同的樣貌在我們眼前現身，讓我一眼認出。

毋須翻譯或介紹，朝思暮想的日月合朔號二代艦在我們面前「閃亮登場」。碩大偉岸的黑色船身狀態極佳，朝我們展示他一身俊秀佼好的面容和孔武有力的身材；每一面配有陽臺的臥室，折射出被擦得晶透發亮的玻璃光芒，就像點綴他一身燕尾服的水晶項鍊；白色油漆的甲板，是紳士內著潔白襯衫的外翻衣領，道出此人一絲不苟的講究氣息。矗立在我們面前的日月合朔號二代艦，就像個剛洗漱打扮完、好整以暇的首席指揮家，任憑外頭強風如何癲狂，烏雲如何張揚，他絲毫不受影響，態度從容、霸氣又優雅地停泊在海岸，隨時歡迎著賓客們的蒞臨，以便熱情地由他為大家指揮一曲。

從配有蘭花花藝、三角鋼琴的寬敞廳堂，到各樓層設施的介紹，巡經各式令人嘆為觀止的豪華設備及餐廳，我們隨著管家的引領，最終站在屬於我們精心挑選的房號「520」、諧音「我愛你」的蜜月套房。房間內各式頂級的沐浴備

初見日月合朔號。

品及洗漱用具，在在引發我們發出無數個「哇」的驚呼聲。等不及用手機記錄精美的房間開箱，飢腸轆轆的我與先生直奔餐廳點上一盤蒜香義大利麵及蔬食漢堡，誰會料到，在那頓大快朵頤之後，便是長達兩日半夢半醒的昏睡。依稀記得當晚樓下震耳欲聾，不知哪裡傳來的狂歡聲響，輪番播起的音樂演奏直達我腦門，令我頭痛欲裂，險些撥打客服至櫃檯，請求旅客降低音量。無奈在一波波湧襲而來的疲憊感下，夾雜未痊癒的鼻竇炎不適感，我就這麼昏昏沉沉地睡著了。

夜半迷糊，床板隨著海浪上下起伏，拉開窗簾，我隔著氣密窗望向陽臺，翻騰的驚濤駭浪是我此生未見。原來，登船只是個起始點，好不容易克服超過三十小時的飛行，一行人仍須經歷德瑞克海峽大惡魔的考驗。所謂大惡魔，顧名思義便是凶險未定、變化萬測的海象。縱然如今航海技術已十分發達，新船本身也配有極高規格的抗震能力，然而暴脾氣如德瑞克海峽，晃蕩的船隻儼然真實世界的遊樂設施「海盜船」翻版。在半夢半醒之際，我與先生吞了數顆暈船藥後，相繼因體力不支又倒回床上昏沉睡著。其中，由於我歷經了時差、暈船、鼻竇炎，身體不適感最為嚴重。這兩夜，我宛如用聲帶與烏蘇拉交換雙腿的美人魚，全然失聲。恍惚中，我聽到走廊外的細碎交談聲、手機訊

探險員講解著海況及安全須知。

南極限定
海上藝廊

息的震動聲、船長不定時的廣播聲。

等到下一次充滿元氣地在餐廳會見新朋友時，這才知道第一晚是船長的迎新之夜，許多人歷經身體不適而缺席，並且也和我一樣在半夢半醒中暈船數天。於是在大夥熟稔彼此之後，每日於早餐間相遇的第一句問候成了：「你今天有吃（暈船）藥嗎？」

南極的夏日依舊奇冷無比，對於來自亞熱帶氣候的我們更是極限挑戰。每當我站在甲板想多貪戀一座冰山、多蒐集一片飄落掌心的白雪，體內的靈魂便尖叫著讓我返回溫暖的室內去，難以想像僅隔著薄薄一道門，屋裡屋外，就像阻隔兩個截然不同的世界。

英勇的日月合朔號持續朝南極圈急速航行，在駛離德瑞克海峽後，越往南冰洋，水流愈趨平緩。每日每夜，船長都會依循今日氣候與海象向我們廣播今日行程，在聽聞可批准乘坐衝鋒艇遊

小艇首度要登島靠岸的紀錄。

天候不佳的巡航視角。

覽海面時，我與先生的眼睛迸發四射的光芒。那一日，我們八人一艘的衝鋒小艇首次駛入冰山群中，我們穿梭在一座座經煦煦陽光照射而部分融化的冰柱群裡，悠遊感受「天地有大美」的震撼及靈秀雄奇。群冰環繞，萬籟聚集，除了「噗、噗、噗」高速運轉的引擎聲，大地的寧靜及眼前一幕幕的鬼斧神工，沒來由地引發我無可自拔地流淚，除了連聲對團員低喊：「抱歉，我也不知道我在哭什麼。」以避免嚇到他人之外，我也不時倉促抹去臉上的淚痕，以免因低溫而結凍成霜。

原來，冰山不止一種顏色，經由積雪堆疊、水流沖刷、光影折射，深層的冰柱、冰棚可以因循不同融化速度而產生蘇打綠、玳瑁綠、碧璽綠的色彩；龐然聳立的冰山與海水交界處，可

◀搭乘專屬蜜月遊艇有種遺世獨立感。

以是銘黃色、濃墨黑、海水藍。若非親眼所見，我著實難以想像，總千篇一律被繪本或教科書所描繪成白色的冰柱、冰山，竟能如此繽紛多樣的呈現於世人面前，有嫵媚，有俏皮，有詭譎，有神祕。

一幕幕的景緻，隨著衝鋒艇時快時慢的穿梭於冰川峽谷之間，各式姿態的浮冰在我眼前飄盪而過，我感覺自己就像走入一場專屬南極夏季限定的海上冰雕展，只是展示作品的藝廊非常特別。這座以冰雪堆砌而成的天然藝廊，它既沒有大門入口，亦沒有收票員，沒有紅龍柱抵擋人群，更沒有壓克力裱框阻隔作品。這座藝廊，沒有人工天花板設限，更沒有人工告示牌指引展品到第幾區，唯一讓你知道的是，它以天為界，以環繞的冰山為線；展出作品沒有名稱，全

憑你喜好與感覺命名；這裡不用門票，這座海上藝廊歡迎任何人光臨；展期沒有期限，只要能好好保護，它能以千變萬化的姿態直到永遠。

人生中第一次踏上南極大陸。

愛在南極圈

年輕的自己太懵懂，更是個把愛情看得十分重要的人，偏偏越是慎重以待，拿捏愛情的力道越是錯誤百出；就像握在掌心的蝴蝶，越是珍重，越容易不小心折斷牠輕薄脆弱的翅膀。折翅的蝴蝶無法帶著豐盛的愛情飛舞，拖著殘破的薄翅，只能是一隻爬行的昆蟲。直到我放棄追尋，蝴蝶反而找到了我，牠停在了我的鼻尖，引起我的注意，這次我不想抓住牠，牠卻奇蹟似的為我停留。

輪船上，除了跟隨父母前來旅遊的可愛孩童，旅客間悄然問候的歲數，在一陣琢磨推敲後，這才發現我可能是唯一的二字頭代表。原想嘲笑過往太年輕、赤手空拳追逐蝴蝶的自己，直到登船後才發覺，年輕的存在，是一件被羨慕、需要自我覺察並狠狠珍惜的年紀。有幸以蜜月之名來到南極，除了把握與愛人好好相處，更透過諸多前輩們，帶領我們這群婚姻的初生之犢，感受愛、領略愛、體會更多愛的真諦。

主持人小布希就像個剝洋蔥般的說故事高手，層層剝去我們面對舞臺的害羞及膽怯，汲取新人們相戀時的集錦精髓，進而濃縮成一鍋好入口的湯品故事。他總是比當事人加倍看重那些無關於他的細節，比如將熬夜苦思的婚禮橋段和臺詞，寫在已爬滿端正字跡的主持稿備忘錄上；在我眼中，除帶團工作時間外，他也總是樂於撥出私人時間豐盛他人回憶。

原先我對這場婚禮並無太多想像，但依循著小布希溫柔堅定的嗓音下，這份真心帶入情意，使得證婚典禮暖暖呈現小布希帶給在座嘉賓「以愛之名」的風格，他就是如此溫暖地走入每個人的心裡。隨著新人及賓客們的情緒逐漸被牽動、被拉扯，最終累積到船長證婚的那一剎那，他說：「為了今日這特別的一天，我特例將船開到超越南極圈的南緯六十六．五度，希望能見證你們永世不朽的愛情。」這份別出心裁安排的厚禮，使我悄悄紅了淚眶。據盛裝出席的哥哥姊姊們所述，賓客無一不感到動容，甚或悄悄拿起衛生紙擦拭眼淚。你們可曾見過一場賓客之間毫無血緣關係、相識也不久，但其情感氛圍卻極度濃厚而浪漫的婚禮嗎？有的，我曾見證過，就在南極。這一次，我感受了另類無關血緣、卻滿溢出來的愛。

感謝元本旅遊對我們南極婚禮的貼心安排，讓我與先生得以與其他三對佳偶們結識，開創屬於我們獨一無二的南極回憶。其中，不僅徵得兩位可愛又勇敢的小花童為我們灑上步入紅毯的花瓣，在跨越九千九百公里的專人悉心護送下，歷經重重的海關檢驗與盤查，旅行社更為新人們帶來漂亮的乾燥花束、香檳塔及發送喜糖的提籃予我們分送祝福。相比臺灣預備安排的婚禮環節，這場來自四面八方的賓客中，即使每一位都是我們相遇至此才認識的新朋友，卻是一段令我們刻骨銘心的另類婚禮。

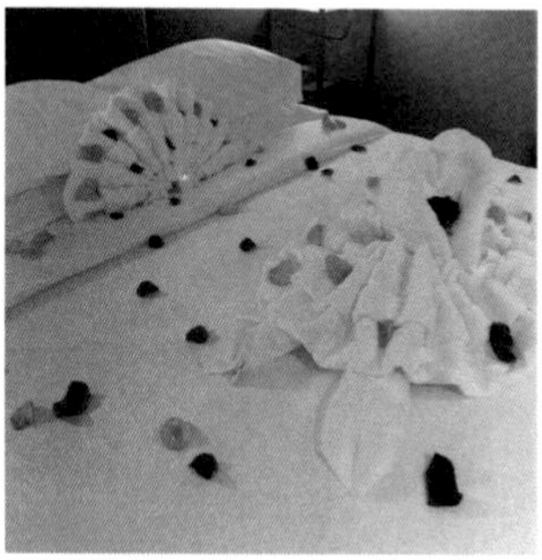

蜜月床鋪的貼心擺飾。

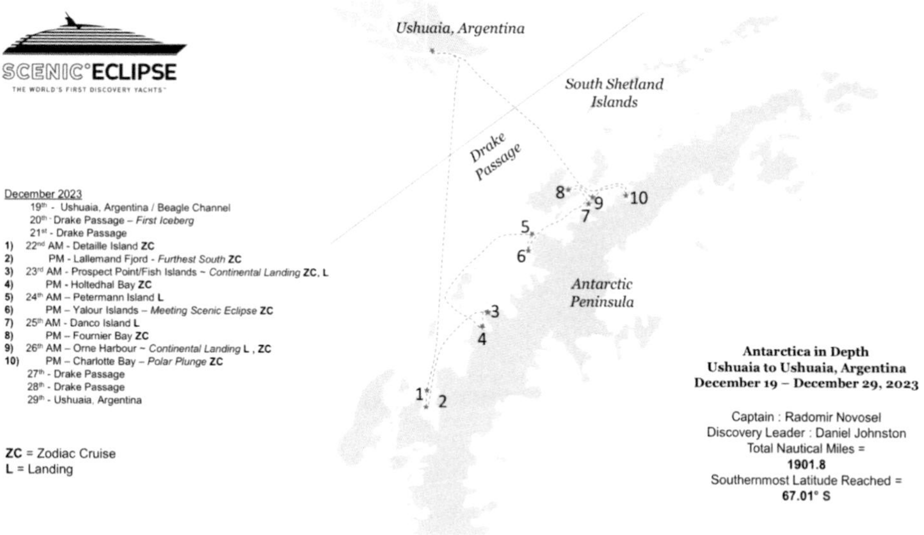

衝破南極圈的路徑。

企鵝產房接生中

愛像冰山，有好多種模樣，可以在狂風暴雪中堆疊起千峰萬壑，又能在豔陽高照下融蝕成涓涓細流。愛不只是一種形狀，無論來自哪個以愛之名的發射原點，折射的光芒，都能映照出絢爛七彩的顏色。這場婚禮，原以為我所發送的喜糖是單向分享，再回頭才發現，這場婚禮所齊聚的力量，以及背後默默付出卻不求回報的推手們，才是無私的單向給予，而我不過是雙向奔赴而恰好趕上。

還記得木柵動物園的企鵝館當年開幕的盛況，各新聞臺鋪天蓋地為這遠道而來的嬌客深入報導，哪怕是吃飯、睡覺、運動、玩耍，企鵝的舉手投足迅速攻占家中那臺胖墩墩的老電視機。當館方公告企鵝下蛋的好消息，企鵝熱潮儼然更上層樓地沸騰了全臺上下。平日不愛追星或趕潮流的爸爸，似乎也被這熱潮所感染了，為了一窺企鵝寶寶孵化的即時畫面，便選定一個黃道吉日，全家人連夜搭著爸爸的老爺車，北上加入排隊朝聖的行列。

天剛亮，甫營業的動物園早已人滿為患，甚至未到企鵝展館，戶外走道早已被擠得水泄不通。尚在讀幼稚園的我，坐在爸爸的肩膀上，望著頭頂黑壓壓的人群，依序列隊朝企鵝館前進。數小時後，身穿黑皮西裝、脖圍一抹黃的國王企鵝現身在我眼前，時值午餐時刻，看著飼養員向企鵝群們投遞鮮魚，群眾們接連歡呼。而企鵝媽媽正一旁緊張地四處張望，我看見了她身軀下欲蓋彌彰的象牙白，遊客們興奮地喊著：「是企鵝蛋！」但還沒看得過癮，就已被人潮繼續推著向前走。

短短數分鐘與企鵝們的初次邂逅，我一眼傾心那圓滾滾、聳肩行走在冰層上憨厚可掬的模樣。對企鵝的好感就像一顆種子落在心版上，隨著時間的遞嬗，種子發出嫩芽並益發茁壯，誰又能想到在二十年後，我來到企鵝的家鄉，與牠們相遇的距離近在咫尺。

早在船隻將越過南極圈之時，我們便已知極有可能靠岸登島，雀躍的心激動不已，因為探險隊員帶來了阿德利企鵝近期出沒的好消息。離南極圈最近的一座島嶼是德塔耶島，許多探險船在穿越南極圈（66° 33’ 44”）時，都會嘗試以此處作為登陸地點。可惜南極天氣瞬息萬變，原期待可以登島的行程，隨著氣候變化，我們改搭衝鋒艇遊覽周邊生物。雖懷抱些許遺憾，但想到能親眼一睹企鵝，也算滿足心願。

接近南極圈的氣溫極為寒冷，所以相比緯度靠近北邊的其他島嶼，生物數量少了許多。而阿德利企鵝便是在這極度寒冷的氣溫中，最常出現的一種生物。

衝鋒艇的引擎聲劃破凍寒的海面，探險隊小組長一面掌舵，一面機警環顧四周，尋找每一種生物可能現身的契機。就在我們循著無線電情報，朝著某處大冰塊全速前進尋找海豹時，一抹黑色的倉皇身影，現身在不遠處的皚皚白雪中。「是阿德利企鵝！」隊長熄火低聲說著，但興奮之情早已溢於言表。只見山坡上有一隻阿德利企鵝正好奇地看著我們，隨後連滾帶爬地滑走。這抹黑色的身影，在雪地中格外鮮明，雖然了解到也許是我們的出現引起牠的不安，然而衝鋒艇上的我們不免被這可愛的模樣逗笑了。一日巡航，我們收穫頗豐，除了見到在冰塊上慵懶趴睡的海豹，還看見三兩成群的阿德利家族正聚在一起取暖、孵蛋。原來，十二月正是企鵝繁殖孵育的季節啊！

惦記著阿德利企鵝的可愛模樣，接連數小時的海上行程，我與先生無不聚精會神地尋找企鵝蹤跡。然而隨著船隻回頭往北開，氣溫日益升高，我們逐漸以嗅覺取代視覺的搜尋，因為，融雪所曝露出掩藏在冰雪下的禽類排泄物，正以撲鼻的屎臭味宣告著企鵝數量正在不斷增加。

彼德曼島是一座位在勒梅爾海峽下方的美麗島嶼，雖然全長僅一．八公里、寬一．二公里，島上卻擁有極為豐富的生物資源，棲息著上千隻帽帶企鵝、阿德利企鵝、巴布亞企鵝，以及一流的潛水高手──藍眼鸕鷀，國際鳥盟更將此處列為重點鳥區。

登入此島嶼前，除了例行的裝備消毒，探險隊長更再三叮囑我們此季節是企鵝們孵蛋、小企鵝孵化的重要時刻，請大家務必遵守《南極條約》的規定，切勿驚擾動物們。《南極條約》大意是不得主動靠近任何物種，並與生物至少保持五公尺以上的距離，除非生物主動靠近你。尤其隨著南美洲爆發嚴重的H5N1禽流感病毒，五十萬隻海鳥和兩萬隻海獅大量死亡，南極洲上的鳥島更傳出賊鷗感染病毒的案例。這條《南極公約》讓即將登島的我們加倍重視，大夥默默將規範銘記在心，相互提醒彼此登島的注意事項，內心卻依然火熱，各個摩拳擦掌、蓄勢待發。

就在抵達彼德曼島的那刻，惡臭的排泄物氣味隨著陣陣寒風朝我撲鼻襲來，臭味的濃淡，

左：這裡聚集了許多巴布亞企鵝。（林清華／攝）
中：正巧看向鏡頭的阿德利企鵝。（林清華／攝）
右：歡迎來到企鵝大本營！（林清華／攝）

取決於企鵝數量的多寡，我敢斷定，這是我聞過此生最震撼人心的濃郁屎味。「哇！這簡直是一個巨大的企鵝產房嘛！」我驚嘆著。

果真，眼前一群又一群的企鵝家族正盤據山頭，企鵝爸爸、企鵝媽媽們正窩在巢穴中，或孵蛋、或滾動石頭築巢、又或疾走在褐色的企鵝高速公路上，時而列隊捕魚，時而驅趕偷蛋的不速之客。這座滿是企鵝的島嶼上，恍若正過著一個專屬於企鵝的新年，處處充滿朝氣和希望，人人正為迎接新生命的到來而忙碌著，煩惱和憂傷與此地格格不入，俗世的紛擾彷彿被這份祥和阻隔於千里之外。

凌厲的風吹雪強勁吹送，我們蹲守在企鵝所夷平的公路旁數公尺遠，靜靜觀察著巢穴的動靜，絲毫不畏冷風之苦。體型嬌小可愛的巴布亞企鵝高聳肩頸，左右搖擺地朝我們列隊走來，對於我們這群外來者，牠們時而停下步伐觀察後默默走開，時而又靠近我們，讓我們像尊木頭人大氣不敢喘地等待牠們遠去。團員們時刻遵循探險員的叮嚀，謹慎地避開企鵝們所走出的「高速公路」，深怕一不小心誤踩出的巨大窟窿，讓身型嬌小的企鵝跌入洞中爬不起來。

在此趟參與南極旅行的兩百名團員職業中，有著近五分之一的執業醫師，所屬科別琳瑯滿目，從內科到外科，從家醫科到獸醫科，可謂是趟「令團員們十分安心」的旅程。縱然診間百態已閱覽無數，身歷在這座巨大且天然的企鵝產房中，實屬眾人們的初體驗。家屬們採買備品、奔相走告的焦急等候，變為企鵝家族們覓食築巢的奔波；醫師們的全力接生，轉換為企鵝媽們自立自強地下蛋；嬰兒呱呱墜地的宏亮啼哭，換成小企鵝們乞食般的嗚咽聲。

在這場見證新生命誕生的大自然盛宴，我們的心猶如化在豔陽下的融雪，被照耀得暖暖綿綿的。美好的影像傳輸進每一吋海馬迴的深處，嗅覺刺激的不適感，也無形中被這份豐盛的款待給治癒了。

搭乘直升機。

萬年冰球威士忌

在南極的行程極為豐富，除了地理生物演講、主廚料理教室、團員人生講座，每日晨起的健身瑜珈課程，夜晚的音樂舞蹈表演，或隨時可提供調酒或熱飲的酒吧，在在充實了航行期間等待時的索然無味。

每日的重頭戲，必屬下船或登島行程，端看氣候允許與否。船上提供的南極體驗五花八門，有衝鋒快艇巡航、立槳、獨木舟、跳水，抑或額外付費的直升機體驗。我們只需提早預約，等待隔日夜晚的確認邀請函，便可知曉自己需在哪一時刻報到。

最令人回味的挑戰非獨木舟莫屬，兩人一艘獨木舟的配置，極為考驗夥伴們的默契，倘若稍有差池，獨木舟便無法隨指定方向前進，大浪一來，隨時都有翻覆的可能。擠身在狹窄的獨木舟中，我與先生命懸一線，成為彼此的生命共同體，戰戰兢兢地聽從澳洲籍教練指示，合力划著槳板，從此處冰山峭壁，划至另一

夫妻同心，合力划著獨木舟。

蜜月衝鋒艇！

個布滿石礫的淺灣指定地。

槳板拍打在海平面上，撥動清澈的海水，發出節奏規律的聲響，我們如一葉扁舟，蜻蜓點水般滑過一片絢麗壯闊的冰山峽谷前，朝另一座山頭前進，這種遺世獨立之感，讓我有種「孤舟蓑笠翁」的錯覺。隨著獨木舟們彼此獨立分散，趁著海風稍止息，我和先生暫緩手中的槳板，抬望眼前的秀麗景緻，讚嘆之餘，我不免發現平扁的船身，使我們的身體就像貼合在海平面上，可近距離、幾近平視海面地注視著海底。當先生壓低身軀，扭頭想一眼穿透這深不可測的蔚藍，我們卻忽然被竄起的水花給驚動，嚇得我們趕緊掄起槳要繼續划走。「啪！啪！啪！」小魚們忽地騰空跳竄又落入海中，一顆顆企鵝的小腦袋也浮出水面又飛快遁入水裡，原來牠們正在追趕魚群，好似游泳健將正大力地伸展雙臂、拍動水花，奮力地向前划行。

澳洲籍教練這時划著獨木舟追了上來，將小船停在我們身邊，著急詢問我們是否一切都好。原來是看到我們停在海中央沒有動靜，正想著是否遇到突發狀況，便恰好與我們一同看到企鵝家族追捕魚群的瞬間。他向我們比了個「讚」的手勢，表示我們十分幸運，隨後吆喝我們加緊跟上隊伍的行列。

淺灣會合處，另一位團員則興奮地向我們敘述著方才更驚險的瞬間。當行經一塊小冰山時，他們看到不遠處有隻大海豹正追捕著落單的企鵝，而心機的海豹即使可以馬上擒拿企鵝，卻耍弄似的嚇牠好幾回合，不斷繞圈追逐，直到企鵝游得筋疲力盡時，才將牠一口吞入腹中。聽完這幕 Discovery 頻道上才會出現的血腥畫面，我們不免對自己「現正就是頻道裡食物鏈的一員」感到冷汗直流，深怕自己就是海豹或其他狩獵者的下一餐美食，差別只在有無攝影師拍攝並播出這幕畫面。

平時可愛的海豹，在狩獵時可是滿腹心機呢！（林清華／攝）

即使明白這些場景不過是大自然裡再正常不過的循環，但當如此靠近地身處在同一片天地中，透過雙眼見證真實，抑或親耳聆聽不過數分鐘前的事，光想像這畫面已足夠令我震撼。我所嚇出的一身汗水，浸溼了內裡防寒衣。所幸這波驚魂之感在上岸後盡數煙消霧散。

大廳的吧檯就像來往旅客們的交流驛站，多少個夜晚，素昧平生的靈魂在此處相遇，不問酒精的寡淡濃厚，任憑杜康緩緩入喉，白日的矜持與內斂在此消失無蹤，三杯黃湯下肚，你一言我一語，交織出無數個動聽的故事。夜晚總是那樣熱鬧，沒有人能錯過慵懶爵士樂和特調飲品的魅力，更無法錯過聽故事的時間。

大廳的吧檯也是來往旅客們的能量補給站，多少個白晝，這裡成為旅客在戶外行程的間隔中，得以短暫休憩的補給天地。在歷經一上午的獨木舟體能活動後，我循慣地走向大廳，向調酒師點了一杯能暖呼身體的熱飲。白天時間不點酒精、只點熱飲，向來是我的習慣。我對於熱飲的認知有限，從調酒師為我們客製的薄荷檸檬片熱薑茶，到熱巧克力及拿鐵，我的選擇始終在這三者之間流轉。

可愛的企鵝拿鐵。

今天的吧檯檯面，擺了一塊晶瑩剔透、有如雕刻過的漂亮冰磚，我讚嘆了這塊浮冰的裝飾，老套地點了一杯熱巧克力。見面數日、儼然已成為朋友的菲律賓籍調酒師，忍不住說服我：「何不使用這塊新鮮撈上岸的冰磚，客製一杯『萬年冰球威士忌』呢？」我打趣回應：「這看起來很有趣，但我不太敢喝威士忌。你何不照樣給我一杯熱可可？」調酒師像深受打擊般地說：「妳拿點有難度的東西讓我做給妳吧！至少跟酒有關的也好啊！」一旁坐著一位總是梳著俐落髮型、姿態優雅的姊姊，聽聞此事，她忍不住轉頭拿著手中的馬克杯為我介紹：「妳想試試熱巧克力加點白蘭地嗎？身體很暖和，味道也很不錯，我都這樣點給自己。」終究是我的見識短淺，這個喝法還是初次聽見，我很快接受這個提議，體驗了人生首杯「白蘭地熱巧克力」，苦甜中帶有一絲濃郁的酒氣，不慍不火，恰到好處。

夜晚，隨著眾人們陸續享用完晚餐，大廳的吧檯又熱鬧地聚集了人群。今晚像場迪斯可之夜，賓客隨著音樂起舞，每一個富有生命力的節拍，震動著眾人的心。吧檯上展示的浮冰融化得更多了，不曉得是對南極的情感投射，還是無人之境的浮冰真的較為純淨，相比白天所見的模樣，夜晚的冰塊顯得加倍剔透無暇。很顯然，它是今晚酒吧的「招牌」，人們手上勾拎著的細腳香檳杯，一個個換成矮胖敦厚的威士忌水晶杯，誰都想嚐嚐看萬年冰球威士忌的味道。

看著今日熱門單品「萬年冰球威士忌」相繼被點播，我不禁想念起下午時初嚐的白蘭地熱巧克力。臉頰微熱地向調酒師再次點了一杯白天的熱飲，只是這次白蘭地的 shot 多了一杯。

隨著輕脆的乾杯聲接連響起，從浮冰上鑿出的不規則冰球，載浮載沉地在麥芽色的液體中晃蕩。不曉得是酒精催化使然，還是大廳氛圍感染了彼此，我拿著不合時宜的熱巧克力，也輕輕地以馬克杯向連日結識的朋友們碰杯致意。

迷人的酒吧。

融化中的浮冰。

地獄食客的深夜呼喚

夜已深，儘管窗外天色依舊明亮。舞池中的眾人就像慶祝盛典般，為了微小的快樂而加倍快樂。我的先生平日較為含蓄，鮮少步入舞池解放，那一日，就在我突兀地手持馬克杯，以零舞技的姿態搖滾擺動時，我看見他手上也拿著另一個馬克杯，含笑對眼地朝我走來。

音樂震耳欲聾，我大聲問：「你喝什麼？」他說著：「威士忌！」我接著問：「那你幹嘛拿馬克杯裝？」他回應：「我陪妳！」

郵輪上的餐廳五花八門，有法式、日式、義式、臺式等選擇，由於船上的供餐已包含在旅費中，毋須額外收費，加上部分餐廳的營業時間極長，所以旅客們在一日多餐中，幾乎日日飽到天靈蓋，我對飲食的欲望從未如此低靡過。

原以為餐廳每日無限量供餐，讓眾人已然對美食免疫，然而本團存在著來自地獄級別的食客們，人體的胃彷彿是個無底洞，在酒足飯飽後的夜晚深處，總日日點燃屬於臺灣人宵夜魂的火炬。過了午夜場十二點，餐廳打烊、酒吧休息，天真的我原以為下個行程是就寢入睡，殊不知，越夜越美麗的精髓，在此刻才得以淋漓盡致地展現。

以完成七大馬拉松的跑者小布希為首，加之婚禮中所結識的三對小夥伴們，以及團員梅麗莎與佳鈴姐姐所集結的食怪團體，這不大不小的規模，儼然是「來自地獄的食客」隱藏版。每過十二點，這群食客們的飢餓感生理時鐘便準時報到，牽引著他們走向大廳櫃檯，撥打客房服務電話。「我以為餐廳都休息了，怎麼還有客房服務這件事呢？」我一邊對夥伴們將郵輪服務物盡其用表示讚嘆，一邊詫異這時間點究竟還能吃得下什麼。「我真的很餓，想吃肉。」下了線的小布希癱在沙發上說著。「可以加點大亨堡和薯條。」溫妮說道。「還要披薩。」巴布補充。

麥特是本團的點餐能手，往往一通電話便可點齊所需。也許是餐點的數量太驚人，在第一通電話後，穿著制服的晚班服務人員，竟匆匆地從廚房跑來大廳核對餐點，深怕數量有任何錯誤。往後的第二日、第三日夜晚，只見在點過宵夜後，晚班的服務人員就像定時報到一樣，笑容可掬地朝我們跑來，向麥特重複確認內容。

我從來沒有參加過他們的宵夜場，只在一旁喝著手上所剩無幾的飲料後便告辭回房，然而第三日某天，當我聽著服務人員致歉地說著：「你們點的羊排數量太多了，我們廚房需要時間烹調，無法一次送過來，這邊分成兩批製作給您。」我不禁笑著對夥伴們大喊：「你們究竟點了多少食物，讓服務人員需要分兩次上餐！」

原想加入宵夜時段的陣容，無奈天不從人願，等待廚房烹調的過程，我已抵擋不住睡意，改以先生代打上陣。翌日清晨，先生向我轉述昨晚的餐點數量如何浮誇，以及眾人如蝗蟲過境般消滅食物的過程如何精彩，聽聞至此，我決心無論如何都要親眼見證食客們的吃播秀。

參與宵夜內容的討論非常瘋狂，由於客房服務並未提供實質菜單，一切以食客們想吃到的料理為主，並以當下的飢餓程度評估單品數量，全然考驗宵夜場主廚的料理功夫。想必是前幾日現點現做的美食搏得好評，這次我走到櫃檯邊，清晰地聽著麥特與廚房通話的內容：「餐廳您好，我們需要五十四支羊排，兩個披薩，外加薯條兩份，請幫我送到房間。」一如預料之中，穿著黑色制服的晚班小哥再度跑來，這次大夥都不好意思地笑了。原料想服務人員要與我們核對數量，這次，卻聽見他著急地向我們解釋：「抱歉……餐廳的羊排都被你們吃完了，我們廚師正在翻箱倒櫃，尋找其他冷凍庫的羊排，我稍後再過來向你們確認。」在大廳的我們笑彎了腰，沒人料到，這群來自深夜的大胃王們竟為主廚帶來極大的煩惱，果真是地獄級別的食客。

一陣等待，服務人員再次迎面跑來，他語帶抱歉地說著：「經過仔細盤查庫存，目前船上剩下二十八支羊排，我們決定將所有羊排不留庫存地提供給你們。」最終，一行人重新修改餐點數量：「二十八羊三披」。往後，這個詞彙既代表著「二十八支羊排，三個披薩」，更成為專屬於我們宵夜行動的可愛代稱及浪漫回憶。

下船前的最後一場私人邀請，我們收到來自總主廚的信件，邀請我們參觀廚房內部。走入法式餐廳的廚房內，主廚打開空無一物的冷凍櫃，直指身旁的烤爐，眨著眼睛、打趣地向我們表示：「這裡曾是擺滿羊排的家，謝謝你們的喜歡，宵夜主廚每晚都很忙碌地在這裡為各位炭烤羊排。」題外話，還有個令主廚意想不到的臺灣人喜好，他直指蔬菜區的某處巨大倉庫，俏皮地說：「除了羊排，我發現臺灣人喜歡有薑的料理和飲料。這是第一次郵輪上的薑被使用完畢，我可是叫了一百多公斤的貨吶！」

①	②
③	④
⑤⑥⑦	

①：日式鐵板燒的副餐調酒。（77／攝）
②：早餐 Buffet 如此豐盛。
③：船上供應好吃的越式春捲。
④：法餐也極具特色。
⑤：羊排、薯條、披薩與大亨堡。
⑥：琳瑯滿目的甜品櫃。
⑦：慶祝聖誕節的甜點裝飾。

一期一會

寄給自己來自南極的明信片，在橫跨兩個月後，依然無聲無息，像失蹤了般。我猜想它也許去了哪裡，被哪個細心的郵差蓋了郵戳後，又遊歷到了某處，直到往不確定的地方前去。如果明信片會說話，我真想親耳聽聽它漂泊的故事是否有趣。

幸運的是，我和先生悄悄寄給親友們的明信片，在歷時一個半月至今，已陸續接到幾個成功接收明信片的喜訊。儘管我們尚未收到寄給自己的祝福，但親友們收信時的喜悅卻感染了我們，就像延續我們在南極蜜月的幸福感一樣，久久揮之不去。

回國的三天後，我與先生如期舉辦了一場帶有我們風格的婚禮，過程充滿感動與爆笑。從凌晨開妝至散會結束，一切彷彿有如神助般順利得不可思議，誰能想像這對新人三天前不過剛從遙遠的世界盡頭歸來，而今又銜接著張羅婚禮的大小瑣事。

接連經歷幾件人生的重要大事，使我發燙的腦袋久久降溫不下來。午夜夢迴，我時而夢見自己還在顛簸晃蕩的床板上暈船昏睡，時而夢見自己趴在衝鋒艇上觀察鯨魚午睡噴氣的姿態，更甚者，夢境中穿插著婚禮唱歌跳舞的片段，我彷彿始終幸福地活在那場一氣呵成的美夢中，儘管順序錯亂，卻一直不願醒來。

終於，在沉澱一個月後，我由高頻亢奮的狀態，調頻回日常的自己。翻閱手中拍攝的每一張照片，無論是機場的等待、飛行的不耐、與愛人婚禮上相依偎的甜蜜、和鯨魚近距離相見歡的驚嘆、初次見到冰雪世界的感動、在舞池裡盡情搖擺的瘋狂……，所有酸甜苦辣交織而成的通篇回憶，都隨著平靜的回想，顯得加倍深邃而立體。當我更仔細地多回味一點，這些細節，又會像日落的潮汐，從遠端的海平面，捲浪滾動到沙灘上，輕聲撩撥著我的心弦。

輪船上有位我非常敬佩、記憶深刻的V姊姊，她是一位體現如何溫暖照耀他人的人間天使，凡是與她相處過，必

雪白色的世界令人久久難忘。

然會因為她總是使人如沐春風，而深深喜歡她。她最愛的一首歌是紅髮艾德的〈完美無瑕〉，為了彰顯她對此首歌的情有獨鍾，她時常在夜晚的大廳，向鋼琴師點播這首歌後自在地翩然起舞，作為結束這一夜的晚安歌曲。行筆至此，我以這首歌當作音樂背景，想像自己回到南極輪船上那些時光繾綣的夜。

每一次的聚首，都是一期一會的珍貴而難得。哪怕是一路勞心勞力的領隊泰莎、貼心的 Ines、無意間共同併船而相識的 Vicky 姐和 Caleb 哥，還是隔壁房的梅莉莎姐姐、佳鈴姐姐及她的眾好姐妹們。又或者同小組且總是溫文爾雅的趙先生和趙太太，抑或是從搭飛機便一路相伴前後左右的七七和 GF、溫尼和麥特、巴布和喜碧、傑森哥及花花姐、書銘哥與攝影團隊，以及我們喜愛的小布希。

雖然日月合朔號二代艦是一艘極為新穎的郵輪，然而，每個帶著自己故事依約而來的旅客及探險員，在交換喜悅或淚水後，都使得這艘輪船成為一個別具意義、有滋有味、有故事的家。我感謝這趟旅程中，所相遇的元本旅遊及每位朋友，你們無私予我豐盛的祝福，將是我及愛人一生都受用的禮讚。

Cindy 和紀達的夢想清單

閉上眼睛的那畫面與聲響

小布希

旅行這事改變了我的一生。
憑著一股子的傻勁與毅力，
每天比客人早起來去晨跑，
全馬足跡遍布歐美亞非澳，
晨跑超過全球五百座城市。
踏上南極拼湊最後一塊圖，
很幸運能夠為旅行而活著。

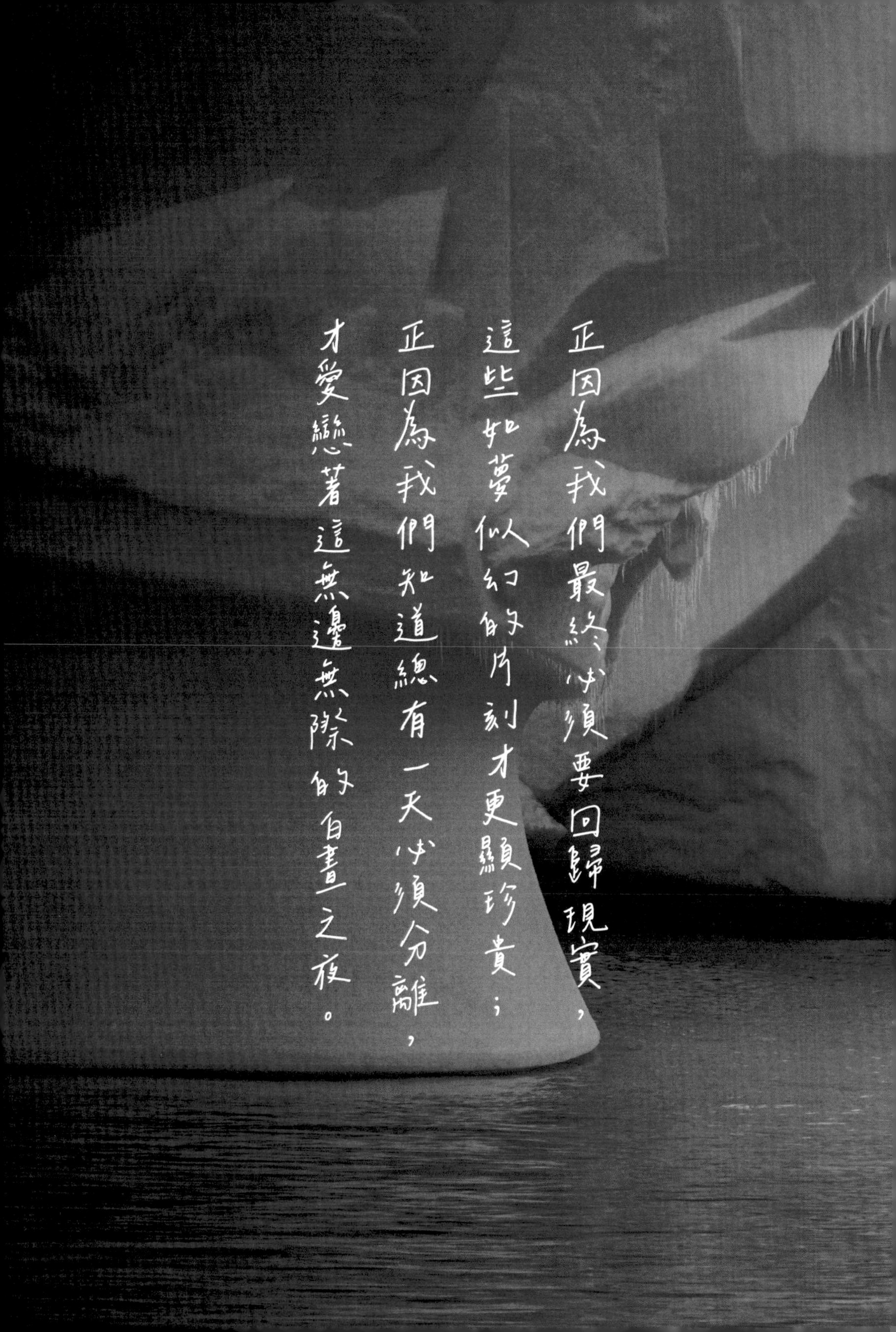

正因為我們最終必須要回歸現實，
這些如夢似幻的片刻才更顯珍貴；
正因為我們知道總有一天必須分離，
才愛戀著這無邊無際的白晝之夜。

萍水相逢 卻相知相惜

提筆寫這篇遊記，是從南極大陸回來臺灣快要滿一週的時候，每個人見到我都會問：「南極，好玩嗎？」我笑笑地說，很難用言語表達出來，但如果我閉上眼睛，就能見到一片永無止境的白與純淨。

南極，應該是對於臺灣人最難去的地方了。畢竟從亞洲飛到南美洲再加上轉機，至少也要四十小時才能搭到船，踏上這趟不可思議的旅程，而且還要再航行兩天，佐以絕佳的運氣，才有機會見到人生第一座冰山！

傳說中的極「難」之地真的「南」到無法想像。想要抵達這潔淨之地，首先必須要穿越過德瑞克海峽——傳說中浪花可以達十公尺高的險惡之洋。別說會不會暈船了，就連雙腳都無法站得穩。

旅程的第三天，我在半夢半醒間張開眼往落地窗外看出去，人生第一座冰山遠遠地佇立著，那一秒的空氣似乎被零下的低溫凝結住，彷彿有這麼一瞬間，我聽到了自己的心跳聲。我帶著祖母的照片走到陽臺上，凝視著眼前的冰山與冰洋，低頭跟奶奶說：「妳看這裡好遠，好像來到了另一個完全不同的世界。」

與奶奶說來到了世界之南。

日月合朔號甫在兩個月前剛剛下水，在這艘別緻的郵輪上，整團近兩百人聚在一起陪伴彼此，時而劇烈搖晃，時而寧靜祥和，然而不管在什麼情況下，此時此刻的我們，就猶如一家人那般相愛和諧。我出乎自己意料地在這艘船上交到了一大群朋友，身為一名領隊，我在上船前並不曾預想自己會遇見什麼樣的人、發生什麼樣的事。但在這裡，遇見的每一個人都好真實也好有趣，充滿著生活的「味道」；也或許是因為旅費昂貴的緣故，我比以往都更能感受到大家很認真地在盡情享受這趟旅程。在每個上下樓的轉角處，在每杯醇厚的十八年威士忌背後，在起伏的每個浪花之間，都可以看見團員們燦爛的愉悅笑靨，抑或是聽到他們銀鈴般的歡聲笑語。

在酒吧總能聊到開懷大笑。

極地冒險之旅

站在這顆星球上的極「難」之地，地球上唯一沒有常住人口的大洲，這一片不屬於任何國家的南極洲，卻在我的心中與臉上留下深深的痕跡。

這一趟旅行本就是工作的緣故，也多虧當初自己選擇了這條路，因此現在才能親臨這片南極大陸。我一天的工作日常基本上從一大清早開始，跟著第一班探險隊一同出發，親自踏在前夜被雪覆蓋的南極大陸上，努力開闢新征途，並且興奮地站在岸邊，期待一艘艘即將上岸的衝鋒艇。

我喜歡等待每艘衝鋒艇的中間五分鐘空檔，我會站在南極洲的土地上，靜靜地聽著雪落下的聲音，一邊望向遠方冰山因為光線折射而顯露出的藍色光芒。每當有衝鋒艇抵達，我就會牽起團員的手，恭喜他們初次登陸南極洲，當看到對方臉上露出一絲驕傲的神情與笑容，我不禁被這股喜悅感染，連日曬傷的臉龐更是瞬間忘了疼痛。

替團員們先上來開雪路。

勇敢地跳進零度以下的冰洋。

在岸邊接小團員上岸。

在南冰洋與日月合朔號一起共游。

在南極可以做的事情實在比想像中還要多更多，除了可以瘋狂看企鵝被另外一隻企鵝推下水游泳之外，也可以在南冰洋上划著獨木舟，若是再勇敢點，甚至還能在那個終年零度以下的冰水表層挑戰冰洋跳水。

在一片廣袤無際的冰洋中划著槳，我努力嘗試看到最遠的風光。感覺自己是這廣大地球上的一小點，身處在這時間洪流中的渺渺一瞬。在來回划動之間，徐徐前行，朝著更好的自我邁進。

thrive 11.0

我所見所聞的南極

我習慣每天醒來後看著窗外一座座冰山所展露出的不同姿態，心中油然而生一股對大自然的敬畏之心；每次登陸不同的島上看著一隻隻企鵝，我的臉上都會不經意展露出一抹笑意；下午划立槳時陪同鯨魚們一起捕食南極蝦，牠們的背脊總會隨尾翼任意伸展；晚上和團員們聚在大廳酒吧喝著一杯杯調酒，心情跟隨船外的浪花激起一陣陣洶湧波濤。

船上有時會有主題各異的專業講座，講述著那座山或是

看見冰山總是令人興奮不已。

在地球的一個小角落裡。▶

史上最「南辦」的一場婚禮！

在船上每天都是舞會和派對。

那片海的故事；有時晚上會有化妝舞會，跳著七〇年代或是近兩年的舞曲；有時早上還能搭乘直升機，從高空中看著一整片億萬年冰川；有時傍晚會有一場婚禮，眾人一同見證新人們在世界最南的緯度上互訂終身。

南極的一路上充滿了驚喜，眼前的白不是普通的白色，冰山的藍不是一般的藍色，企鵝的黑不是正常的黑色。直到現在，只要閉起雙眼還能見到那景色。偶爾從遠方傳來一陣聲響驚醒了我，轉頭看到一座冰棚赫然崩塌，再回頭看，眼前一群鯨魚正在群體捕食，而低頭一瞧，手中杯子裡的那顆冰塊正在悄悄融化。

晃了晃手裡的酒杯，冰塊與杯體碰撞，發出了與剛剛冰棚崩塌一樣的聲響；我猛然回神，這顆冰塊本是南極大陸上的一小部分，和冰棚一樣早已存在了百萬年之久。

百萬年才能形塑的冰塊。

珍藏的時光

等回到臺灣後，我抽空看著手機裡新增的成千上萬張照片，這才發現我在這趟旅程中結交到如此多的夥伴朋友，除了原本就認識且超愛的梅姐外，更多了一群哥哥姐姐弟弟妹妹的陪伴。白天各自忙著不同的行程，一到晚上，確認彼此眼神後就會開始集合，每晚都聚在一起喝酒搞笑，真是一段值得收藏、珍惜的時刻——在船上的酒吧喝酒喝到放聲大哭，說著彼此人生故事與刻骨情愛；隨著音樂舞動的時候緊抓著彼此，跳著彼此生命中的痛苦與悔恨。

在日月合朔號上的這十一天就好似一場夢，我們能抓緊的只剩下彼此，大家用力地笑、盡情地喝，也曾用力地哭、盡情舞動，無奈夏日的南極啊，窗外的太陽因為永晝，我們一同度過了日光明亮的十一個深夜。如果可以一直這樣跳著舞，如果可以一直這樣喝著酒，如果可以一直醉生夢死，是不是就會忘記怎麼珍惜了呢？

正因為我們最終必須要回歸現實，這些如夢似幻的片刻才更顯珍貴；正因為我們知道總有一天必須分離，才愛戀著這無邊無際的白晝之夜。

雖然說了這麼多南極的好話，但所有幻想都在下船量完體重後如冰山般崩解——多了將近四公斤到底哪來的啊?!

雖然南極離我們很遠，但若此生能夠親自造訪一趟，去聽聽冰塊崩開瞬間的聲響，看看企鵝嬉戲打鬧的景象，即便歲月更迭，但只要閉上眼睛，就彷彿能再度回到那片藍白色的極寒之地！

好喜歡這群一同勇闖南極的夥伴們。

小布希的夢想清單

極南之境的鏡與聲

蘇聖章

國立交通大學工業工程研究所畢業，任職知名美商供應鏈管理顧問公司達二十五年，現為該公司亞太區副總裁。

喜愛旅遊、攝影，也愛棒球、高爾夫、登山、滑雪等戶外活動。在校時為棒球隊員，畢業後被顧問業四處旅行的工作性質所吸引而投入。

長年旅行，遊歷七大洲五大洋超過五十個國家，喜歡自行安排旅遊行程，享受各種旅行中的變化與挑戰！

多數時刻，
我們聽見的是團員們的歡笑聲和巡
遊艇的引擎聲，
但若覓得一絲機會，
我們可以感受到南極的寂靜之美、
天地間無極的寧靜。

遠得要命的旅程

幾年前去了秘魯馬丘比丘和玻利維亞天空之鏡時，就已經見識到南美洲有多遠。那時候就算是從美國洛杉磯轉機飛秘魯首都利馬都還要飛八個半小時。不說你可能不知道，秘魯首都利馬的經度比美國邁阿密還要靠東，所以甚至有許多洛杉磯飛利馬的航班還是在邁阿密轉機的呢！而我當時心裡就想著：如果哪一天要去阿根廷、智利南端或是南極的話，那可真是天涯的盡頭了。

而我並沒有等太久，夢想中的這天就翩然而至。二〇二三年十二月，我踏上了南極的旅程。

從臺北出發往西，朝阿根廷布宜諾斯艾利斯飛去的航班，常見的有兩個選擇：一是搭土耳其航空在伊斯坦堡轉機；二則搭阿聯酋航空在杜拜轉機，然後都還會在聖保羅或是里約熱內盧停留中轉。以最短的轉機時間來計算，抵達布宜諾斯艾利斯時都已經超過四十個小時了，心底響起〈阿根廷別為我哭泣〉的旋律，但

飛抵烏斯懷亞，安地斯山脈的末端。

其實是我為了這遙遠而不易的旅程感動到想流淚。

從布宜諾斯艾利斯還得要再飛四個小時才能到達世界盡頭「烏斯懷亞」小鎮，接著再由烏斯懷亞上船，需要整整兩天半（六十個小時）的航程方得以抵達南極圈，實在是趟不容易的行程，想要一窺南極究竟的朋友得有心理準備才行啊！

Now or Never

休假出發前一天同事問我要去哪？

「我要去很遠很遠很遠的地方～」

「能有多遠？總不會是去南極吧？」

「嗯！」

許多人會問：「為什麼？」坦白說還真沒為什麼，最簡單的理由就是覺得聽起來很「酷」！

早在幾年前遊歷各洲多國後，南極就曾悄然出現在我的「清單」中，誰知一場打亂全世界步調的疫情把就所有的夢想都擱置了。出乎意料的是，在二〇二二年秋天，某次因緣際會下參加的旅行社說明會，再次燃起了心中的悸動。不需要思考太多，內心的呼喊就替我決定了要報名參加這一年多後才會出發的旅程，那時還在疫情期間呢。更因為我深知，如果不好好把握這眼前的機會，未來可能永遠難以成行了。

這是我少數的跟團旅行，也是生平第一次搭郵輪旅遊，更妙的是，這是一個在臺灣就組成的大旅行團，且還是把整艘郵輪以及內陸段的飛機全包下來的創舉。在船上遇見了來自四面八方的朋友，有許多人是早早就把南極列在夢想

凶險的德瑞克海峽上，看到難得的海上夕陽。

清單裡並規劃了這趟旅行，但也有很多人跟我一樣，意外地踏上南極旅程，在人生遊記上添加這麼豐富的體驗。其中一位已經當阿公的團員更是豪氣地說：「我回去後可以跟我孫子炫耀，估計可以『展』（臺語）個二十年吧！」

但其實大家都心知肚明，這一切的經歷根本不是要為了炫耀什麼，畢竟旅行不需要特別的理由啊！突然想起一段相當引人共鳴的廣告詞：

「We travel, not to escape life; but for life not to escape us……」

（旅行，並非為了逃避現實，而是不想錯過人生……）

黑與白，鏡與靜

白到發藍的冰山是基本款。

老實說這裡的顏色並不豐富，天地間總是一片白，各種白，太陽躲起來時多是陰霾下的灰白、慘白；但當陽光露臉，那會是晴朗時的潔白，白得耀眼、白得發藍、白得讓人讚嘆。

進入南極圈後，冰山是最常見的景象。

在德瑞克海峽上搖搖晃晃了三十九個小時後，我們在南緯六十三度航道上遇見了此行的第一座冰山，它就靜靜地躺在那裡，船緩緩行經時，仍舊能感受到一股強大震撼，也從此展開了接下來幾天大大小小的冰山攬勝。

南冰洋一片雪白世界中總是可以看到許多「蒂芬妮藍」的冰山，那是因為在南極大陸的冰雪經過千萬年的累積，底層的部分會受到重壓而將空氣擠出。當空氣只剩下百分之二十至三十，就會開始呈現藍色。所以你如果看到白中帶藍色的冰山，就代表那是年紀比較大的唷！

冰山形狀千奇百怪，充分滿足每個人的想像。有的如同澎湖桶盤嶼，有的像馬特洪峰、路易斯湖，還有的神似浮世繪《神奈川衝浪裏》。

這裡除了各種形狀的冰山外，就是各種企鵝、鯨魚、海豹、鳥類等生物。為了配合生存環境，這裡的生物也大多演化成黑白色的基調。我們看到的三種企鵝、兩種鯨魚、海豹，還有多種南極燕鷗，都是簡單黑與白。船公司所發送的外套是黑色的，所以當我們這群遊客登上南極大陸，走在探險隊員預先開墾的路徑上，不仔細看還以為是一隻隻排隊要回家的企鵝，畫面毫不違和。

其實一開始我還曾對於船公司所發送的外套從紅色改成黑色而心裡犯嘀咕，但後來覺得這才是正確的決定，與自然融入才是和諧之道。曾看到別艘郵輪的乘客在黑白色調的南極大陸上穿得又紅又綠，覺得實在太突兀了。

南極版「桶盤嶼」。

南極版「路易斯湖」。

南極版「馬特洪峰」。

南極版「浮世繪」《神奈川衝浪裏》。

團員列隊行走，遠看就像一群企鵝。

而在這與世無爭的世界，天氣基本上決定了當天活動的主題。第一次登陸南極大陸當天下著大雪，南極的「靜」真的可以讓你在蒼茫間聽見雪落下的聲音。好幾次在天晴午後的海上活動時，探險隊員帶我們到峽灣內的水域更是平靜如鏡。

「Am I in heaven?」當船抵達夏洛特灣時，我內心忍不住發出讚嘆。

在南極，無論是獨木舟或者立槳都是很奇妙的體驗。立槳教練甚至讓大家躺在槳板上仰望天空，然後閉眼五分鐘，傾聽天地、聆聽自己的聲音。隔著槳板底下是四十公尺深且冰冷的南冰洋，就在這萬籟俱寂之際，本該是感受一下天地萬物的哲理，但其實稍一不留意，很可能就會在南冰洋上睡著，因為太平靜舒服了。

天地間的各種黑與白。

夏洛特灣平靜得宛如置身仙境。

liquidlogic

南極的野生動物豐富了這裡的樣貌。無極的荒蕪之中，你可以感受到隱藏的生命力，來自於鳥鳴、企鵝聒噪、海底的鯨魚吐氣等。這是屬於南極最原始的聲音。

多數時刻，我們會聽見團員們的歡笑聲和巡遊艇的引擎聲，但若覓得一絲機會，我們可以感受到南極的寂靜之美、天地間無極的寧靜。

在立槳上遠眺南極的寧靜。

在獨木舟上享受南極的寧靜。▶

南極之鏡，極南之靜。

在陷入寂靜之時，我想起了英國詩人拜倫的〈行向曠野〉：

「無路的森林裡有一種愉悅，
孤獨的海岸令人狂喜，
有一個世界無人闖入，
心海的深處聲音在轟鳴。
我並非不愛世人，
但我更愛自然……」

我相信，大家在此都能怡然自得。

Into the Wild

There is a pleasure in the pathless woods;
There is a rapture on the lonely shore;
There is society, where none intrudes;
By the deep sea, and music in its roar:
I love not man the less, but Nature more ...

地球上最可愛的動物

各種企鵝絕對是這裡最主要的動態風景。來到南極，你很難不被這些公認——至少我們這船遊客公認——為「地表最可愛動物」的一舉一動所吸引。無論是排隊走路回家、去隔壁鄰居偷石頭回家蓋房、跳進水裡去覓食，或是如子彈般在海面跳躍，一舉一動都讓人莫名興奮且扣人心弦。

巴布亞企鵝叼著石頭回家蓋房子。

一群企鵝聚在一起真的很吵，密集恐懼症者慎入。

一群企鵝聚在一起時，往往是最吵雜的時候。南極夏天該是小企鵝孵化的季節，但由於我們早到了幾天，小崽子都還沒出生，爸媽們還在努力孵著蛋。有些趴著一動也不動、有些則是引頸高歌，呼叫夥伴回來幫忙，其中兩隻拉長脖子纏繞跳舞，完成換班交接儀式。我都懷疑「引頸企盼」這成語就是這樣來的。

突然想起阿德利企鵝的命名由來：當初發現此物種的法國探險家是以他老婆的名字來為此企鵝命名。本來是個愛的故事，但仔細想想，企鵝可是又臭又聒噪！他居然敢用這種方式表達對老婆大人的「愛」，真是勇敢！

企鵝腿短，大家一定都看過牠們走起路來左右擺晃、隨時會仆街的可愛模樣。腿短踩在雪裡走路總是辛苦，所以「跟著前人腳步走」總沒錯，不論是走回家還是走下海，牠們總是一隻隻排隊走在前人走過的路上，走久了就形成一條腳印深刻的路徑，我們稱為「企鵝公路」。

一隻隻企鵝在公路上排隊走路的景觀最是可愛。牠們「樓頂揪樓下、阿爸揪阿媽」從四面八方走過來，出現在同一條「企鵝公路」上，最後排好隊伍，一隻接著一隻走路回家。但我發現牠們更多時候會趴下用肚子滑行，滑一段再起身走幾步，有時站著搖頭晃腦一下。

趴久了總會肚子餓，如同講好一般，大家又再度一起行動、來去海裡覓食。實際情況常常是一群企鵝來到岸邊，左看右看就是遲遲沒動作，這時你內心不禁吶喊著：「快呀！

「喂！等等我呀！」

快跳呀！」等到最前面那隻跳入海中、後面幾隻就會在眾人歡呼聲中很合群地依序下海，形成有趣的「下水餃」畫面。

接下來的海面跳躍環節更是精彩，只見企鵝們在海面一上一下、此起彼落，想要拍照的大夥們都得要全神貫注，眼睛緊盯著下一個跳躍的方位。手拿長鏡頭拍照的人更是緊繃神經，深怕一不小心就會顧此失彼，如同在遊樂場裡的打地鼠遊戲一樣。

一群企鵝走到岸邊準備「下水餃」。

Happy Feet。

海面跳躍如同「打地鼠」般難以捉摸。

守護南極的戰士

整趟旅程下來，令人不得不稱讚國際南極旅遊組織協會以及各家船公司的努力。

南極，是地球上最後一塊淨土，這趟行程中處處可以感受到大家都很努力配合各項限制。例如：船公司在讓大家下船前，會極力宣導《南極條約》對旅客的要求與注意事項，並請旅客簽名同意以示負責；船公司在放行遊客上岸時也都遵循上岸人數限制；遊客需穿著消毒過的雪靴避免把外界病菌、物種帶到南極；船與船間彼此的默契配合，基本上在同一登陸點不會看到其他郵輪，這些都是為了減輕人類對南極大陸可能造成的傷害。

除此之外，鯨魚也是南極的美景之一，在這裡可以近距離觀賞這些「溫柔的巨人」。

有一個名為「Happywhale」的組織，是一群專家學者專門記錄、分析南極圈內鯨魚行為，進而研究、保護鯨魚的行動。每隻座頭鯨的尾鰭都有著獨一無二的紋路，如同人的指紋一樣，可以用來辨識每隻座頭鯨的身分。該組織鼓勵大家拍照上傳，透過收集大家所上傳的照片與位置，專家學者可以以此來記錄、觀察他們的遷徙移動路徑，更加清楚地掌握這些鯨魚的行為，記錄分析每隻鯨魚的情況，並進一步制定保護計畫與行動。

上：座頭鯨深潛時尾鰭所形成的水簾甚是好看。
中：每隻座頭鯨的尾鰭都有獨一無二的紋路，以標示身分。
下：看到只有單邊尾鰭的座頭鯨寶寶，令人心疼。

回憶
那一景一物

南極是這個星球上最後的淨土，除了各種形狀的冰山外，就是找尋阿德利企鵝、巴布亞企鵝、帽帶企鵝、座頭鯨、食蟹海豹，以及各種南極燕鷗……，幾天下來我都覺得自己變成極地動物攝影師了。

從空中角度觀賞南極大陸。

三天船程、五天南極、三天回程，一半時間都在德瑞克海峽搖晃，其實就像喝茫一樣。奇幻的旅程，手機加相機共拍了七、八千張照片，在有限的版面內挑選幾張與大家分享。

前往南極是一個很棒的決定。旅行結束後，曾經的一景一物遲遲無法忘懷，心還是留在那兒。我敢打包票，任何人來此都會有屬於自己的感動！

南極的美景真是令人愛不釋手！

蘇昱彰的夢想清單

一個人的療癒之旅

柯佩君

來自彰化小鎮，目前定居於新竹，任職於科技相關產業，擁有外語國際領隊證照。

從小學開始就有飛行的夢想，二十四歲第一次出國，獨自離家到英國讀書，從此開啟旅行的體驗，遊歷過四十幾個國家，三百多個城市，喜歡自助旅行，體驗當地生活，希望自己不是觀光客，而是像個在地人一樣探索每個城市。

出發前，我答應他，也答應自己，
平安回來後，我會重新出發，開始新的人生，
也會帶著他的愛前行，看看生命最後會帶
我到哪裡。

還來不及道別

每個來到南極的旅人都有自己的理由跟出發的動機，有自己的故事，是開心、是希望，而我的可能跟多數人不同，是絕望跟傷心。

旅行前很常被問起的一句話，為什麼想去南極？因為夠遠？夠美？對我而言，這些都是理由，但真正讓我決定這趟旅程的，卻是二〇二二年發生在我身上最重大的死別。

曾經聽過謝哲青分享，開啟了我到南極的夢想，疫情前，我已經開始蒐集資訊，計劃自己前往世界的盡頭——阿根廷的烏斯懷亞，再搭乘前身是科學考察船的船班前往南極，然而由於疫情爆發，所有的出國計畫都只能暫緩。

就在二〇二二年疫情終於接近尾聲，準備可以再度踏出國門之時，我卻迎來了人生中最重、最痛的打擊，死神突然來臨，帶走了摯愛的先生；就在一個平凡無奇的日常早晨，一場快得讓人來不及反應的死別，來得那麼突然，讓我手足無措。一直以來，他是我生活所有的重心，失去他，讓我的人生頓時失去了生存的意義，我的世界從此陷入了黑白；就在我還來不及好好處理悲傷的同時，隨即又被迫面臨來自人性殘忍的傷害。

在我宛如行屍走肉的日子裡，偶然看到南極旅程的訊息，在處於失去所有感覺、只剩下悲傷情緒的當下，我也失去了規劃旅程的力氣跟想法，不知道人生該怎麼繼續。於是我在幾乎無法思考的狀態下，直接報名了這趟南極之旅，想把自己丟到世界的盡頭去看看！沒想到，我的恍惚讓我錯看了出發日期，以為是在二〇二二年十二月就會前往，但實際啟程日期卻是在一年之後。但是一年的光陰並沒有磨滅人生予以我的絕望，出發前對這趟旅程仍然沒有任何期待，依舊陷在深深的悲傷跟絕望中走不出來，就算走訪一趟世界之角，對我的人生也不會有絲毫改變吧！雖然醫生鼓勵我去冒險，告訴我大自然有療癒的力量，但我真的不認為一趟旅行能帶來什麼改變，根本不可能解決我的人生難題。

療癒的力量

搭上飛機，試著從逆境中出走。

南極真的很美、很療癒，但真正治癒我的卻不是美景，而是在船上遇見的人們。

在機場集合時，工作人員為我介紹了這趟行程的室友——迎面而來的基督徒姐姐，一出場就笑容滿面、親切地問我為什麼要去南極。當我跟她說我來的原因後，她馬上告訴我，原來我就是

探險隊員特地從冰洋裡攜回的冰塊，讓團員佐酒品嚐。

她前來這趟旅程的理由，我是她的任務，我們素未謀面卻一見如故，讓接下來的旅程充滿美好的回憶；後來的我因為有她的守護，在旅程中慢慢地被療癒。自己卻沒有意識到，讓原本對行程不抱任何期待的我，心中暈染出一抹幸福的色彩。

在聖誕夜當天的酒吧，姐姐在喝了幾杯酒之後，說出了她對我的擔憂跟愛護，當下我們感動地痛哭，就這樣一晚抱著哭了好幾場，在那樣歡樂的現場其實有點詭異，連別團的領隊也跟著我們又哭又笑，我才知道原來我無心說出的一些話，讓姐姐在這趟旅程中非常擔心我。

而這趟旅程真的不可思議，我收穫了許多美景與感動，更收穫了許多愛跟真心，緣分安排來的天使姐姐，是我這趟旅程最大的恩典，如果沒有遇見她，我無法想像自己會怎麼走過這趟旅程。

北極體驗

在南極之前，我已經體會過北極的極地氣候，二〇一八年時，我自助到號稱「千湖之國」的芬蘭追過極光，芬蘭境內有超過十八萬八千座湖泊，大部分都是冰河作用而形成，當我從赫爾辛基搭乘國內班機飛往北極的伊瓦洛機場時，從機艙望出的窗外景色，一整片的純白加上穿插其中大大小小結冰的湖面，真的彷彿來到動畫《冰雪奇緣》場景中的北國，非常夢幻。在零下二十三度的伊瓦洛機場降落，在極圈小鎮伊納里零下十八度的夜晚中，守在戶外追著那道幸福的綠光，傳說看到極光會擁有幸福，然而當時的我已經非常幸福，所以並沒有許下任何願望。

我在羅瓦涅米如願拜訪了聖誕老人村，見到聖誕老公公話家常的那一刻，感動得像是上演了一場童話故事，由於聖誕老人村位於北緯六十六．五度線上，因此我也得到了一張抵達北極圈線的證書。參觀完聖誕老人村後，我步行到位於市區的憤怒鳥公園，帶著極度興奮的心情，覺得自己像個天真的孩子，處處感到驚喜。

隔天，我安排了一日遊行程，到瑞典凱米搭乘探索者號破冰船，航行在拉普蘭地區、波斯尼亞海灣結冰的海面上，抵達適合的地點後，船長宣布旅客可以下船在結冰的海面上散步，並會另外安排穿著俗稱「龍蝦裝」的飄浮救生衣在北冰洋游泳，當我躺在北冰洋面上的那一刻，覺得自己如此幸福，人生沒有遺憾，因為當時的我有著美滿的家庭、寵愛我的先生。航行結束時，船長會贈送每位旅客一張 Cruise & Swim Certificate（航行與游泳證書），作為一份值得紀念的禮物。

象徵幸福的綠色極光。

聖誕老人的屋子裡充滿著童趣。

異國溫情

追完極光後，我搭乘號稱「北極特快車」的夜間臥鋪火車往南前進赫爾辛基，幾天後再搭乘郵輪從赫爾辛基出發，橫越波羅的海到達愛沙尼亞的塔林及瑞典的斯德哥爾摩。航行於波羅的海的郵輪，大小等級都不一樣，我選擇了大型郵輪，旅途中可以直接夜宿船上。

對當時的我而言，這已經是我曾經抵達的最遙遠的國度，而整個旅程是一段不曾想過會實現的夢想。

在出發前往南極之前，我意外得知旅行社將會為船上的四對新人安排一場由船長證婚的特別婚禮，我其實非常擔心，害怕自己不能挺過這個場合；雖然我真心祝福，但是對當時的我來說卻是無比殘忍，然而最終我成功熬過了！只是回到布宜諾斯艾利斯參觀古蹟百年墓園「雷科萊塔公墓」時，我卻再也撐不住了，並不是對墓園有所忌諱，而是過去的場景歷歷在目，讓我忍不住回想。抵達前，內心就一直天人交戰，考慮要不要進去參觀，雖然想單純地把它當成一個必訪景點，但卻仍然放不下自己的悲傷；當導遊在入口說明景點，提到阿根廷人普遍信仰的天主教對死亡並不感到絕望，因為他們相信死亡是開始而不是終點，這句話直接觸動我的淚腺。加上當時旅程進入尾聲，想到要回到臺灣面對現實的一切，讓我完全招架不住。踏入墓園後的我崩潰了，混亂到無法往下走，只好告知工作人員我要先離開，原本想自己到外面市集走走就好，但領隊知道我不願進去墓園後，貼心地帶我到對街買了支冰淇淋安撫我的情緒。這段故事是旅程中的另一個感動，我會永遠記得那支來自「遠得要命王國」的冰淇淋。

在雷科萊塔公墓外頭，我意外發現了一個超級可愛的小市集。除了常見的紀念品之外，還意外找到令人愛不釋手的娃娃。可愛的老闆娘說，所有展示品都是獨一無二的，不僅是全手工，每隻娃娃也都有自己的故事。像是狗爸爸理髮師、羊媽媽裁縫師，誰跟誰又是好朋友……。這趟旅程我連企鵝都沒帶回，只在這兒帶回了一個可愛的鼠媽媽娃娃當紀念品，表面上看起來她與這趟旅程沒有任何關聯，但卻帶給我很大的力量及

心情低落時，就來一支「遠得要命王國」的冰淇淋吧！

帶著可愛的鼠媽媽，陪我感受生命中的喜怒哀樂。

安慰，對我別具意義。回家後，我把她擺放在客廳最明顯的位置，每天都可以看見她，因為我知道，以後她會陪我前行，我也會隨身帶著她遠行，繼續到天涯海角，那種被守候、有人陪伴的感覺是我最珍惜的部分，我知道有人會一直在遠方，默默地關心我的近況，當我又陷入低潮時，上帝會為我指引一道光。

從臺灣到一趟南極絕對不輕鬆，飛行加上航行至少超過四天的時間，但抵達南極後那份寧靜與壯闊，絕對超越震撼可以形容。在阿根廷國內包機飛抵烏斯懷亞準備降落前，我已經被窗外安地斯山脈壯闊綿延的冰川收服，那種感動跟我之前降落在北極伊瓦洛機場時同樣震撼。

雷科萊塔公墓

位於阿根廷布宜諾斯艾利斯雷科萊塔附近，這裡埋葬著許多名人，包括阿根廷總統伊娃 · 裴隆、諾貝爾獎得主、阿根廷海軍創始人及胡利奧 · 阿亨蒂諾 · 羅卡等等。二〇一一年，BBC 將其譽為世界上最好的墓地之一，二〇一三年，CNN 將其列為世界上十個最美麗的墓地之一，幾乎是每個旅人到訪布宜諾斯艾利斯都會去拜訪的觀光景點。

從飛機窗戶俯瞰壯闊的安地斯山脈。

直衝南極圈

第一天從烏斯懷亞上船開航後，船長與領隊就開心地宣布，這趟航行我們會直衝南緯六十六・五度線，完成一個創舉。由於到南極圈線需要多航行幾百公里的距離，所以多數的科學考察船不會特別前往。

啟航後，看到第一塊冰山時，大家既驚喜又感動，馬上拿起手機不停拍照，也在群組中互相通知冰山出現在哪個方向，領隊打趣地提醒，我們接下來會看冰山看到膩！而之後的幾日，每天從艙房陽臺望出，隨時就能欣賞整片冰山的美景，感覺既遼闊又不真實，但我們並沒有看到膩，而是愈來愈享受每天陽臺窗景堆疊而起的綿延冰山。在船上每間餐廳用餐的時刻，隨時都有各種美麗形狀的冰山相伴，那種幸福實在無法用言語完美表達。

但在收穫這些感動之前，總是會有一段小小的艱辛，這就是人生啊！時間回到剛出發的時候——

「打擾了，我來為您固定房內物品！」管家先是熟練地將高腳杯放倒，並用餐巾布固定。將桌椅分別移到陽台兩側靠牆擺放整齊，避免之後會因巨浪而產生晃動或碰撞，造成損壞。

德瑞克海峽位於「尖叫六十度」海域，是從阿根廷前往南極的必經之路。早在啟航前，船長就透過廣播要旅客先服用暈船藥，並擺放、固定好房內的易碎物品，免得半夜被各種聲響吵醒。但我從臺灣飛往阿根廷的時差仍未調整好，吃完「避暈藥」後就開始昏睡，再次醒來時，恍如《鐵達尼號》電影裡的驚險場景已經上演。

在郵輪陽臺欣賞綿延的冰山。

尖叫六十度

是南緯六十到七十度海域的俗稱，德瑞克海峽就座落在此範圍。這個緯度因為沒有阻擋西風及洋流的陸地，因此風浪比低緯度區域更為強烈。

平靜的海面，讓人有「寄蜉蝣於天地，渺滄海之一粟」之感。

「ㄍㄨㄞ……咯…咯…咯……」半夢半醒間，聽到船身隨著逐漸增強的巨浪發出規律的聲響，床鋪也已經傾斜。因為想墊個胃，我微微暈眩地走出房門，卻只能扶著牆面才得以勉強踩著蹣跚的步伐走進餐廳，但眼前的服務生一個個就像練家子！手上的托盤盛裝滿滿的杯盤餐具，卻依舊從容不迫地送餐及收拾整理。沒底子的我，只能暈坐在位子上，看著櫃檯的抽屜不斷地開合，眼花的同時也開始反胃，只能和桌面上的點心乾巴巴對望。最終因為身體不適，決定放它們一馬。

出發前，我曾以為航行德瑞克海峽就像坐大怒神，沒想到不舒服的程度有過之而無不及。「不經一番寒徹骨，焉得梅花撲鼻香」，為了南極美景說什麼也要撐下去啊！

直衝抵達南極圈線後，郵輪開始返航前往南極大陸，尋找每日的登陸點拜訪企鵝，並進行海上巡遊、探尋平時難得一見的鯨魚等海洋生物。登陸活動第三天，在搭乘衝鋒艇前往登陸點彼德曼島之前，探險隊員先載著我們在岸邊巡遊，觀看岸邊的企鵝，意外地看到一群企鵝聚集在冰山岸邊，數量愈來愈多，領隊提醒團員們，企鵝聚集後應該準備要跳水了。等待一會兒之後，果然出現了讓人驚奇的畫面，一群企鵝一隻接著一隻「撲通撲通」全部跳進海裡，那畫面相當可愛、充滿生命力，我們搭乘的衝鋒艇很幸運地捕捉到眼前這個難得的畫面。

「聽說有團友拍到超大隻、就近在眼前的座頭鯨！」

「可以幫我們找找嗎？我們也好想看」

來到南極，沒跟鯨魚打個招呼，回臺灣實在難以交代！某天，衝鋒艇上幾位團友跟探險隊員繞了許久，正愁無法完成心願時，意想不到的畫面突然浮現！只見眼前一隻巴布亞企鵝游得飛快，從水裡一躍，跳到了碎冰上；後方則是緊跟著一隻大牠好幾倍的龐然大物——準備獵食進補的海豹。雖然海豹並沒有追上，但牠依然不願放棄機會，一直在碎冰周圍來來回回地游著，讓浮冰

團隊安排乘客搭乘衝鋒艇，在冰洋上找尋極地動物們的蹤跡。

活潑可愛的企鵝們，是平時難得一見的珍貴畫面。

上的企鵝手足無措，試探許久仍不敢離開。

而旁邊平靜的海面上，一隻座頭鯨突然噴出了水氣，在海面上浮浮沉沉、反覆了好幾次。這樣驚奇壯觀的場面，讓團員們對這趟次的巡遊都感到相當滿足。殘酷的物競天擇、適者生存的生態，也令人不得不敬畏與省思！

航行第六天，我們前往亞勒群島途中，船長在晚餐時突然廣播「我們即將通過勒梅爾海峽，有興趣的團員絕對不能錯過。」當下沒多想，我們立刻衝到甲板湊熱鬧，沒想到意外做出這輩子絕不會後悔的決定，如果要票選這趟旅程中最震撼的景觀，那勒梅爾海峽絕對榜上有名。那磅礴的曠世美景，讓我不禁想起古人說的「寄蜉蝣於天地，渺滄海之一粟」。

為了讓旅客欣賞美景、讓大家記錄下這美好的畫面，船長特別放

勒梅爾海峽

被譽為世界上最美麗的地方之一，一八九八年，阿德里安 · 德 · 熱爾拉什以比利時—剛果探險家查爾斯 · 勒梅爾的名字命名，長十一公里，最窄處不到一 · 六公里寬。沿著海峽大約一半的距離，德隆克灣切入半島，到達霍廷冰川。緊鄰其南面，海峽急劇變窄，寬度不足八百公尺，大陸上的克魯斯山和布斯島的旺德爾峰均在三百公尺高處隱約可見，即使在大霧中，這也是令人難忘的場景。

慢航行速度；有團員甚至拍到手機沒電衝回房間快速充電後，再趕回現場拍攝，瘋狂程度令人難以想像。據說勒梅爾地區的野生動物很少，但虎鯨、小鬚鯨和座頭鯨以及韋德爾氏海豹、豹海豹和食蟹海豹確實會經過（海豹經常在流過水道的浮冰上打盹），現在沿著海峽的牆壁也出現了一些新的小型巴布亞企鵝群落，這個地方全是岩石和冰山。

我們經過時，剛好捕捉到幾群鯨魚在船邊覓食，浮浮沉沉，一群大約三至四隻，畫面相當壯觀，大家看了都非常興奮。

我搭乘直升機的這天，已經是在南極大陸停留的最後一天，錯過這次就沒有機會了，我很幸運地被安排在最後一趟航次，而且那天天氣出奇地好，是整個行程裡最美好、最清晰的日子。坐在機艙內，整塊南極大陸及冰川清晰可見，那種再次被冰川撼動的悸動，是難以言喻的感動，只有親眼所見才能體會南極的遼闊。雖然我被安排在機艙內的座位並不完美，幸好身旁坐了一位貼心的領隊，除了主動幫忙翻譯機長描述的景象之外，也幫獨行的我拍了不少照片，後來更將許多飛行中拍攝的照片及影片提供給我，那如夢似幻的景象，讓我在旅行結束後一陣子又回顧，都依然覺得非常不真實。

黑白交織曠世美景。

最初，希望在這次旅程中，可以從位於克羅伊港上英國科學考察站的「企鵝郵局」（南極唯一有郵局的地方）寄張明信片給自己，當作永久的紀念，可惜航線安排的關係，並沒有來到這個登陸點。但旅行社還是貼心地幫我們從烏斯懷亞寄出明信片，除了寄給親友之外，我將旅行社提供的兩張明信片署名給先生與自己，紀念我們這二十年來相知相守的日子，也感謝他給的愛與包容。出發前，我答應他，也答應自己，平安回來後我會重新出發，開始新的人生，也會帶著他的愛前行，看看生命最後會帶我到哪裡。

然後，最後一天抵達烏斯懷亞下船前，我們都得到了一張抵達南極圈線的證書，證明我們曾到此一遊，完成了世界盡頭的旅程。

烏斯懷亞的可愛企鵝們！

搭乘直升機從高空中俯瞰冰川，會發現一個完全不一樣的世界。

旅程尾聲的意外插曲

在烏斯懷亞下船後，我們仍舊搭乘國內包機返回布宜諾斯艾利斯，但因為航班安排的緣故，導致行李來不及跟上，船公司安排下一趟航班將大家的行李運回布宜諾斯艾利斯機場。當天晚上十一點多，我們終於在飯店領到行李，沒想到卻發現我的行李箱嚴重破損，幾乎無法攜帶回臺。看著殘破的它，讓我非常心碎，因為這是先生留下來的遺物，曾陪伴先生每一次出差，跟著我們遊歷許多國家，這是屬於我倆回憶的篇章。雖然領隊表示隔天會安排到賣場購買全新的行李箱，但我實在無法將它獨自留在遙遠的阿根廷。室友姐姐勸我「舊的不去、新的不來」，這點我懂，也相信先生能體諒，但最終我還是堅持要帶它回家。

隔天，在好友的協助下，將行李箱仔細包好，好讓我能夠帶它登機。回家後的「正式道別」雖有萬般不捨，

感謝親愛的老公陪我完成人生中難忘的旅程。

然而我知道，或許這是先生冥冥之中的安排，要我放下心中的糾結，邁向嶄新的人生。

想以此文、此旅紀念摯愛的先生——張維友。老公，我會勇敢地道謝、道愛及道別，相守的這些年，我會全部裝進回憶的行囊裡。親愛的，請你優雅地轉身，出發去下一站的旅程。如果還有緣分，我還是會等待你的一眼瞬間。接下來我會好好的，我答應你！

The journey is what brings us happiness not the destination.

旅程帶來幸福與感動，並不是只有抵達目的地而已。

透過旅行找回全新的自己。

這輩子最幸福的事——就是你當我的天使。

柯佩君的夢想清單

朝聖南極，極地圓夢

江亦靜

基督徒，愛狗、愛露營、喜歡下廚、喜歡小酌、喜歡運動。沒事喜歡宅在家看書、看電影，沒有豐富的旅遊經驗，剛退休，期盼認真樂活第二人生。

「有些事現在不做，以後也不會做了。」
上帝大概是聽到我的聲音，
想要、我去體驗前所未有的旅行方式、以及
全新未知的國度。
世界最陌生、最遙遠的一片淨土——南極。

二〇二三年年初，我結束一份長達二十年、竭盡心力的工作，同時也斷捨離了部分人際關係，終結長久以來工作、生活和心態上的各種不平衡。我認為自己的這股勇氣值得獎勵，我想帶著自己去旅行！趁著現在還有體力也有能力，來趟一個人的朝聖之旅！正在思考要去哪裡時，剛好看到 Eric（元本旅遊的協理兼領隊）在他的粉專分享了一篇南極旅遊的講座文章，被他文中的一句話深深觸動，「有些事現在不做，以後也不會做了。」

滑到文章最底下，點開報名連結，名額顯示僅剩一位。就是它了！上帝大概是聽到我的聲音，想要我體驗前所未有的旅行方式以及全新未知的國家，前往世界最陌生、最遙遠的一片淨土——南極。

感謝上帝的引領

有故事的女人

期待了一整年，終於來到了出發日。來到桃園機場第二航廈，循著領隊交代的方向找尋集合地點，遠遠就看到一群穿著藍色圓點點上衣的元本旅遊工作人員，各各都帶著熱情親切的笑容，引導著一位位陸續抵達等待報到的團員。機場的大屏幕正好輪播到元本旅遊「南極追夢號」的廣告，每個人看起來都神采飛揚，難掩興奮的情緒，大家都對這趟美好的冒險充滿了期待。待所有團員集合，領隊開始進行搭機說明及細項確認，我的心思卻無法專心，默默地掃視所有團員，試圖找出那位單人報名極地探險，還先幫我卡了位，讓我出發前充滿好奇和想像的室友。聽完說明解散後，大家熱熱鬧鬧排隊報到，在工作人員的介紹下，才終於見到我的神祕室友——佩君。她也是基督徒，個子嬌小，有一雙水汪汪的眼睛。報到完之後，我們並肩走著前往登機門，彼此寒暄一番，聊起了踏上這趟旅程的初衷。這才得知一向疼愛她的先生突然驟逝，而南極是先生在世時曾提及的旅程，佩君想離開熟悉的地方，不讓悲痛繼續在心裡蔓延，因此決定帶著先生的遺物和他一起開啟這趟旅程。當下我心裡明白了，這是出於上帝的安排，讓兩個有故事的女人，一起踏上奇幻無比的旅程。抵達登機門後，我對佩君說：「沒事！上帝與我們同在。」

和室友佩君一同踏上旅程。

機場南極追夢號的廣告。

到南極方知其遙遠

在布宜諾斯艾利斯的洲際飯店睡不到四個鐘頭，一早，兩百人正浩浩蕩蕩往布宜諾斯艾利斯的機場前進，準備搭包機到世界的盡頭——烏斯懷亞，這時我們已經從臺灣出發兩天了。手機傳來家人的訊息：「看到企鵝了嗎？」

我回覆：「呵呵，還沒看到餒~因為還沒到南極！」

早在高雄的行前說明會，我就得知這趟行程並不容易。隨著出發時間愈近，我的心態也從興奮想像轉為緊張害怕，畢竟這片淨土全球僅有六萬多人登陸過，其中臺灣人只占了一千八百人左右，真的不是一件容易的事。先不說三十六個小時左右長程搭機與轉機的疲憊，從烏斯懷亞搭探險船抵達南極，來回必須經過海相惡劣的德瑞克海峽，這對極度容易暈船的我來說，才是這趟行程中最需要挑戰克服的心理障礙，該來的還是要面對。前往烏斯懷亞的包機上，領隊 Eric 用飛機上的廣播麥克風對著大家說明下飛機後的登船注意事項，待飛機平穩，安全帶指示燈熄滅，大家起身上廁所、拍照、聊天、吃零食。好熱鬧，有種像是搭乘遊覽車的感覺。或許是因為對目的地都充滿著期待，就算即將展開超長途跋涉，大家卻沒有任何疲憊的感覺。我看著身旁正在化妝的佩君，再看向窗外的安地斯山脈，一切是那麼的美好、壯闊。

領隊 Eric 說明下飛機後的登船注意事項。

雄偉的安地斯山脈。

冰雪間的日月合朔號

人生中第一次搭乘全包式郵輪，就獻給日月合朔號了！一進入大廳，擺滿各式各樣威士忌的柱體狀酒架，馬上吸引了我的目光。從大廳、劇院、餐廳到房間，摩登時髦明亮的空間設計，由船身到內部完全展現低調奢華的風格。進入餐廳，眼前迎接我們的是種類豐富的自助餐，這是在經歷六餐飛機餐之後，視覺跟味覺的雙重幸福饗宴。佩君和我坐在落地窗邊，看著皚皚雪山下色彩繽紛的小房子，數隻海鷗在天空飛翔，形形色色的船舶停靠在港灣，像極了一幅畫！悠閒寬敞的大廳跟酒吧，也是團員們頻繁互動的社交空間，我們更是在此收穫了很多友誼。

擺滿各式各樣威士忌的柱體狀酒架。

日月合朔號的飯店長廊。

日月合朔號的公共空間。

在長途跋涉的疲憊後，享受著美食和船員充滿溫度的周到服務，讓我們的心靈和胃都得到很大的滿足。在船上，我跟佩君最常去的是 Elements 義大利餐廳跟 Azure 咖啡廳，這兩家餐廳除了不用預約外，主要是餐點幾乎無雷，每一樣都十分合我的胃口。

船上最棒的是二十四小時客房服務，可說是深得我心，記得聖誕夜當晚不小心喝太多，半夜肚子餓加上還有一點宿醉，就想來點重口味的熱食，當時剛好還有一碗團友支援的蔥燒牛肉麵，於是馬上跟客房服務叫了牛排、水煮蛋、生菜，組合成一碗「蔥燒真牛肉麵」！當時怕吵到佩君不敢開燈，只好摸黑吃著牛肉麵，當下真是太太太滿足了！

蔥燒「真」牛肉麵！

屬於南極的共同回憶

穿越德瑞克海峽的那兩天，未能調整過來的時差以及服用暈船藥的效果，加上南極日不落的永晝，讓我大部分時間都昏昏沉沉的。這天醒來，我發現外頭正在下雪，下床走向陽台，隨著視線的延伸，我看見了人生第一座冰山，冰山下透出海面的藍是如此夢幻，是一種令人著迷的藍。我就這樣靜靜地看著它，像一座藝術品矗立在平靜的海面上，美得無法形容，美得叫人動容！此刻，歷經的長途跋涉都值得了。

上帝的創造既奇妙可畏又獨特美好，在南極的每一天，無論目光轉向何處，迎向我的都像是國家地理頻道中出現的景色，各式各樣的冰山因天氣的變化呈現不同的面貌，讓我再度讚嘆大自然的工法。不管是登陸探訪南極在地居民的可愛企鵝們；還是乘坐衝鋒艇巡航時，看見在極地海洋悠遊的海豹；或是划獨木舟時，奇蹟似的遇到鯨魚現身。一切都是我沒有想過會親眼見證的，南極對我來說就像是不真實的冰凍天堂。南極的獨特是無法用語言組織形容的，唯有置身其中親身感受，才能體會那份說不出的感動！

郵輪的團體生活讓團員們逐漸變得團結和緊密，住在六〇一號艙房優雅大方的淑惠姐，是我們登船第一天認識的姐姐。離開南極的前一天剛好是聖誕節，大家決定相約「六〇一趴踢」，二十幾個人聚在房間裡喝著酒，聊著白天巡航時，誰幸運看見了鯨魚，誰人品不好，還沒看見鯨魚的身姿。大家說說笑笑，此時，在陽台的人突然喊著：「有鯨魚！」當下，所有人拿著手機集體往外衝去！一陣陣「喀嚓！」「喀嚓！」聲音此起彼落，哈哈！這下大家可都「人品好」了！

夢幻的藍色冰山。

可愛呆萌的小企鵝們。

集合啦！企鵝冰友會！

相親相愛的鸕鶿。

左：在南極的獨木舟體驗。
中：鯨魚現身！
右：南極大地原產的透心涼大冰塊。

人品爆發看見的美麗身姿。

在南極高舉臺灣國旗。

把酒言歡之際，有些團員開始高聲歌唱，各自唱著屬於自己年代的情歌，氣氛既歡樂又療癒。我跟佩君相視而笑。看著大家，我心裡想著：或許往後的日子我們不會再見，但我們的人生中卻有一份屬於南極的共同回憶。

謝謝元本旅遊以及日月合朔號的所有工作人員帶我遠征圓夢，讓最遙遠、最陌生、最夢幻的南極成為我人生中珍貴且美好的回憶！

江亦靜的夢想清單

凍原中的一甲子之禮

王瑩

從小生長在岡山眷村，嘉南藥專畢業後隨即進入救國團工作，在校期間擔任多個社團社長，因此畢業後工作性質乃以舉辦學校活動為主。婚後育有三名子女，生下次子做月子期間，公公第三度中風，遂離職當全職家庭主婦。婚後與務農的公婆同住，生活習慣與價值觀差距極大，三十年間，每日的生活宛如八點檔連續劇般充滿張力，直至五年前父母公婆均逝，才得以隨心所欲活動。

就算看再多的網路資訊或旅遊書籍，
如果不去自己走一遭，那就永遠無法留下最真實、
也最無可取代的記憶了。
既然都已經千里迢迢跑到世界盡頭了，當然是什
麼活動都要嘗、試看看囉！

可以說嘴一生的旅行

會決定展開這次的旅遊計畫，是想趁著體力還行，先去最遠、最難抵達之地。隨著年齡增長，再逐漸縮短旅遊所需的航程時間。兩年前，無意間在網路看到紐西蘭的旅行社刊登南極旅遊廣告，屢次去信詢問細節，卻始終未得回覆，只得另尋出路。後來請在紐約的姐姐幫忙蒐集了美國旅行社有關南極旅遊的相關資訊，幾經交涉後，嚮往前往南極的那顆種籽在心中默默地發了芽。

某天，突然看到同學阿樂在臉書發文提及他想去南極一事，立馬主動聯繫，並說好接下來我們各自搜尋資訊，保持聯繫，隨時交流。直到出發前一年半，我們才相約見面討論細節。

其實最初見面時，是準備告訴阿樂與阿芳夫妻倆，在經過多方評估分析後，我決定放棄南極之旅，改而前往南美洲。說真的，南極的旅行費用實在是超乎想像，而且相當容易受到天氣影響，去程四段飛航旅程實在非常磨人，尤其是第二段由杜拜轉機到巴西里約熱內盧，總共十五個小時的長距離飛行。當時因為碰到一個不講理的家族硬要更換座位，朋友與我被騷擾得完全無法得到片刻休息。好不容易抵達了里約熱內盧，飛機在空服員換班與餐食的短暫停留後再次起飛。我在確定有個空下的位置沒有人後，疲憊不堪地前往坐下，這時一位男空服員過來提醒：「該座位需要加價才能獲得。」喔～那是當然沒問題的，當時被隔壁靠窗座位的男士不停騷擾，實在是累到巴不得立刻跳機。那位可愛又帥氣十足的阿聯酋男空服員問清楚詳情後，將我倆引領至豪華經濟艙的最前排位置坐下。第三段航程雖然只有五小時，我們在新位置卻非常安穩地沉眠於夢鄉，完全沒有受到打擾。深夜下機，我和同行的友人至飯店門口與先行出發的友人夫妻會合，八人總算齊聚一堂。那種久別重逢團聚的滋味，如同小學生遠足般純粹又開心，可說是千金難買的快樂時光。

且不一定可以順利登上南極大陸，能不能看到國家地理頻道或動物星球頻道中播出的極地生態，都是未知數，大自然的力量誰都說不準。帶著這一份憂慮，我實在很難下定決心前往南極，即使這份想望已存在多年。

阿樂二〇二二年底滿六十歲退休，他給自己十年的時間去一一完成夢想清單。過去一年裡，他們夫妻倆在家裡的時間不超過三天，在這段時間內完成了絕大多數人無法想像的數個目標。南極對他們而言，只是有如吃飯睡覺一般的娛樂節目而已，壓根不認為是什麼大型挑戰。所以我猜想他們也只是想多找幾個伴，共同享受這次旅行。夫妻倆勸說許久，都無法動搖我的決定。最後阿芳說：「有人告訴我，去歐洲、美洲、非洲等地區，妳可能就開心跟別人分享一、兩年或三、四年，但去南極，可以讓妳說嘴一輩子……。」

嗯……好，就這麼定了。

決定好三人一同踏上南極之旅後，我們正式開始進入旅遊內容與比價階段，不僅各自搜尋了多家業者，也去各地參加說明會，最終選擇了「元本旅遊」。好笑的是當時「元本」才剛創立不到一個月，而我們將要搭乘的「日月合朔號二代艦」郵輪，還躺在克羅埃西亞里耶卡的MAJ造船廠裡，後來又有五名同學與好友，因為我們而一起報名了這趟旅程，也繳清了費用。我們八位笑道，元本旅遊用這筆款項來進行接下來的工作，應該綽綽有餘了吧！

等待成行的這一年，無論人在哪裡，即將前往南極的那顆心一直悸動不已。積極地學習各項技能，期待能在極地享受所有樂趣。譬如上健身房鍛鍊身體、在低溫池中耐著冰水持續浸泡、報名「高雄愛河灣」立槳活動、研究極地服裝等，總算熬到了出發日。同行友人中有一對夫妻提前三天從日本至阿根廷伊瓜蘇瀑布觀光，我們六人則從高雄北上，順利與其他團員們於桃園國際機場見面，興奮之心溢於言表。

豪華郵輪的饗宴

旅行其中一日，在船上的劇院舉行了四對新人婚禮與兩對夫妻結婚紀念活動，元本旅遊費心從臺灣帶來所有婚禮必需品，在主持人的真誠熱情帶動下，這場盛宴在歡樂與溫馨的氣氛中落幕。參與活動的團員們紛紛獻上炙熱的祝福，十分感人。雖然身處冰天雪地的南極，我們的心卻是無比溫暖。

清晨，一行人再度回到布宜諾斯艾利斯國際機場搭乘包機，準備前往世界的盡頭——烏斯懷亞，一個彷彿使用慢鏡頭拍攝的優雅城鎮，純樸寧靜而可愛。快速瀏覽了最多觀光客留影拍照的古董郵局，與造型獨樹一格、令人眼睛為之一亮的攤販小屋後，我們總算於第三天下午登上郵輪。

郵輪走道兩旁，迎接的工作人員堆滿笑容，親切地向我們問候。並在大廳一隅簡單明瞭地向每個人解說房間內救生衣與急救包的使用方法。接著所有人被個別引領至房間內。船上的管家也為我們說明了房內各項設備的操作方式，日後才知曉，原來管家提供的服務包羅萬象，真不愧是六星級的頂級豪華郵輪。

當其他團員還在尋找房間或參觀各處設施時，我們八個好友已經在櫃檯預定了接下來幾天的餐廳，其中一位友人在世界各地進行的研究正是「吃」，聽他的準沒錯！於是當晚，我們就在義大利餐廳「Elements」進行郵輪生活的第一餐饗宴。也許是因為早午餐在飛機上提供的三明治太過陽春，晚餐的菜色著實讓人驚嘆連連！

油炸酥脆可口的豬皮搭配馬鈴薯泥與鮮奶油，口味鹹甜適中又令人食指大動，這居然只是開胃菜而已！讓人在開頭就很期待接下來會是什麼料理，難道是更能超越如此美味的湯品與主食？果然，主廚想在第一餐就買通我們的腸胃。

接下來端上的湯品是烤花椰菜點綴黑松露，淋上慢煮花椰菜奶油，濃郁的口感和香醇的味道口齒留香。前菜則是澳洲頂級韃靼

烏斯懷亞，美麗的小城鎮。

牛，牛肉使用以穀物飼養一百五十天的安格斯黑牛，大塊紅肉和碎紅蔥攪拌均勻後，再用一丁點的醬料鋪陳墊底，精美又不失牛肉的高級風味。另一道前菜是歐芹佐柏迪耶奶油（來自法國布列塔尼的頂級手工奶油品牌），與新鮮大蒜充分混合，放在酥脆田雞腿上。吃到此刻，還有檸檬冰淇淋可以用來中和油膩的味蕾。主餐則是英國名菜——做工繁複的「威靈頓牛排」，原料使用高級和牛，蔬菜配上公爵夫人馬鈴薯。餐廳知道臺灣不少人是不吃牛肉的，所以還有大比目魚片作為可以替換的選項。收尾的甜點是巧克力派，餐廳怕有胃口大可能會吃不飽的人，師傅甚至還另外準備了巧手製作的多樣性麵包。

我們就這樣被主廚收買了「心智」，再也回不去啦！

大啖美食席間，我們談及接下來即將進入傳說中險惡的德瑞克海峽「搖滾區」的應變措施，一行八人中有兩位醫師、兩位藥師，全都帶了自認最好的暈車藥，在一陣討論過後，大家一致認同，最值得信賴的是近乎天天攀登高山峻嶺，又常徹夜不眠的「海釣高手」阿樂推薦的藥品。果然，成功讓大家順利度過德瑞克海峽的劇烈搖晃。

特殊活動的挑戰

在南極海域活動共五天，按正常程序是上午登島徒步，觀賞自然景觀或古蹟；下午在海上巡遊，尋找海中的各種野生動物。如有登記參加直升機、獨木舟或立槳活動，則會與既定活動衝突，就只能二選一參加。其中直升機是需付費才能參與的活動，若報名未到仍需繳交費用。我自己的想法是：既然都已經千里迢迢跑到世界盡頭了，當然是什麼活動都要嘗試看看囉！因此毫不猶豫報名參加了直升機行程。

左：直升機窗外的霍特達爾灣，海灣的水源來自休吉冰川。
右：登上直升機前往霍特達爾灣，位於韋林格勒半島和斯特雷舍半島之間。

從高空探向南極大山大海的直升機體驗又是另一種美好的感官刺激，我們忽高忽低地望著黑白山水畫般的自然景觀，原本巨大如山的浮冰，竟突然發現它淺淺地在海面上晃動。而空中淡灰色的雲層，在太白的山巔是顯得那麼輕柔、那麼嬌弱，見到這麼多不同視角的景色，真是值回票價！

每日都會在房間電視上看到隔日各組的活動訊息，從中知道集合時間與地點。初次踏上南極大地，因為大家對於穿著外出裝備經驗不足，又是特殊的極地裝備，不得馬虎。所以大家都自動往前挪一個小時準備。

第一天上午原定進行的登陸行程，因

黑白相間的冰雪山巒。

為連日風雪，讓徒步登島前往官方南極歷史遺址和紀念碑（廢棄的英國考研基地）的路途變得危險，在探險隊員的路勘之後，決定更改為巡遊活動。雖無法登島，但可以從海面上往建築拍照。因為容納十人的衝鋒艇，一次只能容許一個人站立，於是大家輪流起立，開始瘋狂拍照。

雖然南極海域的畫面在腦海裡並不陌生（電視裡都看得到），但身歷其境與電視看到的感受完全不同。被雪覆蓋的山巒，就像沒有前後遠近之別似的，一片雪白。乍看之下，海裡的深藍全成了一片漆黑，放眼望去，海面上只見漸層的白與偶爾出現的黑色浮冰，使人彷彿置身在黑白電影之中。衝鋒

海面上漂浮的小冰山。

艇駕駛身上紅色與螢光綠的救生衣，成了天地間唯一的點綴。在她的帶領下，我們時慢時快地搜尋著動物的蹤跡，終於找到一隻站在高地，孤零零的企鵝。那隻穿了燕尾服的小鳥，笨拙地左右歪著身軀……喔不對，是自以為是的人類傻傻地望著那隻奪取目光焦點的企鵝匍匐前進。下午的巡遊，靠著美麗動人的衝鋒艇女孩協助，我們獲得了一顆巨大透明的萬年冰塊，拿回郵輪大廳的吧檯，晚上由調酒師幫大家琢磨出一顆顆小冰球，配上威士忌品嚐，真是不亦快哉！

徒步登島並不輕鬆，雖然沒看到有人滑倒，但每日的大雪總是輕易將探險隊員辛苦挖掘的路徑掩蓋，很容易陷入雪堆受困。還

左：衝鋒艇駕駛幫我們從南極海域裡撈上一塊透明大冰塊。奇怪的是，這透明冰塊在海裡時，我們眼睛看到的居然是黑色的！

中：我們將透明大冰塊抱上岸，請大廳吧檯的調酒師將它們逐一琢成小圓形放入酒杯，搭配威士忌。

右：丹科島是南極洲附近的一個島嶼，由比利時南極探險隊於一八九七年至一八九九年所繪製，由英國南極地名委員會以比利時地球物理學家、南極探險隊成員埃米爾 · 丹科命名。埃米爾 · 丹科在比利時號上逝世，船隻當時正航行於南極洲。

好沿路的小紅三角旗幟與經驗豐富的探險隊員分布在重要關鍵的路口，讓大家不至於迷失方向。登上雪山，站在高處眺望遠方，很難用詞彙去描述此時內心的悸動，這就是真正的「只能意會，不可言傳」吧！目前正值孵蛋期的企鵝窩也布滿阿德利企鵝和巴布亞企鵝。一夫一妻制的企鵝家族，在交班孵蛋時的引頸高歌儀式煞是好看，滿滿的影片占滿了手機大部分的容量，完全沒有廢片。

謝謝導遊的承讓，使我期盼多時的獨木舟遊可以成行。這活動需要穿著特殊的「乾燥衣」，通常需要兩兩相對協助，不然頸部與雙手由橡膠製成的防水功能設計極為合身，很難自己拉扯套入，手套與膠鞋都是針

登上丹科島啦！

對極地需求的特製品。在衝鋒艇上，教練再三強調遇到鯨魚時的反應是：鎮定，停下所有動作，慢慢等待牠的離去。如果被鯨魚拱下水，抱著或扶著獨木舟緣，他會立即前來拯救。當時大家以大笑回應教練的話，想說哪有這麼幸運嘛！

結果，不僅幸運之神再三眷顧，鯨魚還沒完沒了地出現……。因為不確定自己能否可以抓拍到經典畫面，於是只要看到風吹草動（正確說法應該是水紋波動）便舉起手機，甚至三隻座頭鯨現身直衝我們而來，也沒有放棄拍攝。當時連呼吸都刻意放輕放慢，深怕被牠聽著了擾動情緒。我們就這樣被鯨魚忽左忽右地耍著玩，慢慢地知道牠們

座頭鯨消失前的倩影。

也不過是在圍捕磷蝦罷了。許多座頭鯨家族都在這個海域進行捕食活動，拍多了影片，甚至逐漸能夠認得牠們尾翼紋路上的差別。傍晚，船長、輪機長及餐飲部長駕駛著快艇，送來香檳慶祝聖誕節，我再次認為，這段迷人的旅程將會刻骨銘心。

謝謝五十八年前父親教會三歲的我游泳，真是終身受用無窮。二〇二三年十二月二十六日下午三點多，這歷史的一刻，需要詳實記錄。「跳南極海」活動在船上掀起了熱潮：我終於揚眉吐氣，小游了一下南極海域。

從未想到自己會「跳海」，還是在有浮冰的南極海域，沒有把握自己可以漂亮地跳水成功，所以採用傳統直立式跳水。沉下去的剎那間，甚至產生了可以

這天剛好是聖誕節，划獨木舟時遇到座頭鯨不斷現身，手機裡的數十段影片占了很多容量。

幫女兒找到《鐵達尼號》男主角傑克的錯覺。浮出水面後瞬間覺得好冷，得趕快動起來才不至於凍僵，我當下想立刻游向遠方衝鋒艇的位置，但腰間綁上了繩索游不出去，只好回頭。

可以想見家人們看到這段時的擔心，沒事！我不是好好的嗎？

對於那些雙腿發抖、臉色蒼白的船友們，抱歉啦！讓你們羨慕了。

而立槳則是需要比較嚴格的條件才可報名參加的活動，對於終於在南極最後一天排上立槳活動充滿感激。但登上衝鋒艇前的天氣實在不太適合該項活動，就在教練與探險隊員商議之際，他們看到了我們渴望

座頭鯨出現啦！

的眼神，決定先試試看。不一會兒就到了一座大山前，教練小心謹慎地將八位成員一一送上槳板，叮囑我們先別急著站立，先把槳划回山邊。偏偏海流強勁，不斷把我們帶到更遠的地方，大風雪使團員們陸續跌入海中，立槳教練立即出動救援，在落水的半數成員都救上船後，探險隊員決定班師回朝。立槳過程共四十五分鐘，我是另外半數沒落水的人之一，重點是我有站立在槳板上，也算是對得起學習立槳的教練了。

立槳教練為了慶祝聖誕節，在槳上展示倒立絕活！

團員們立槳時經常發生落水意外，而教練會協助將落水團員從水中救起，令人既安心又能玩得盡興！

無法忘懷的生日

在南極圈的最後一天剛好是我的生日，從早上打開房門的那刻開始，只要是碰到的日月合朔號上的員工，都會對我說「Happy Birthday!」。不管是房務人員、走廊清潔人員、餐廳所有工作人員、廚師等皆無一例外。

朋友精心安排晚宴款待我這個農村的家庭主婦。晚上大家喝開了，醉茫茫地回房，像小孩子一樣高唱：我沒醉～我沒醉～小兒科醫師友人說：「啊！不然我們走直線就知道了。」

總算回到房間，居然還有驚喜！管家貼心的服務，除了房間每日兩次的清潔外，今晚居然還有特別待遇。毛巾蛋糕、巧克力、卡片、冰鎮的香檳、玫瑰花瓣……，所有浪漫元素都有了，我和友人兩個停經婦女大笑不已！

六十一歲，我在南極過生日。

一年前的這天，親愛的老公送的六十歲生日禮物就是這趟旅行，人生真是完全無憾啊！

回程三天兩夜，又要經過「尖叫六十度」德瑞克海峽，大家再度把阿樂的靈丹妙藥拿出來服用，再一次地成功幫助我們這群同學老友開心參加船長攔船員們、探險隊員（包括獨木舟教練、立槳教練、衝鋒艇駕駛等），以及餐飲部門所有前後場員工的惜別晚會。

下船回到烏斯懷亞，與第一次抵達時感受完全不同。當初轉乘四趟航程抵達此處時，覺得這鄉村非常純樸可愛。而剛剛在郵輪上望向岸邊的陸地時，頓感這兒熱鬧非凡！不得不承認，我們從荒蕪人煙的仙境，回到了現實。

最靠近仙境的城鎮

從烏斯懷亞坐了三個多小時的國內航班，來到阿根廷最大的城市，布宜諾斯艾利斯（西班牙語意為「新鮮的空氣」，擁有「南美巴黎」之美譽）。還沒有到達景點時，我先在巴士上粗略參觀了一下歐洲化的城市風格，巴士旁的摩托車很有親切感。

一早我們就出發前往市中心參觀，市中心擁有許多對阿根廷有著不可抹滅意義的指標性建築群。比如建城四百年週年紀念的「方尖碑」，它的歷史地位就如同艾菲爾鐵塔之於巴黎、自由女神像之於紐約一樣。附近的西元一八一〇年因五月革命而得名的「五月廣場」，其地位就像是臺灣的凱達格蘭大道般的政治生活中心。玫瑰宮總統府、七月九日大道、三一大都會大教堂（現今梵蒂岡教皇即出於此，其建築融合各種不同風格建造）、科隆劇院、市政廳大樓、立法院、百年咖啡店等，不久就把熱門參觀景點通通收集完畢。其中玫瑰宮前《曼努爾．貝爾格拉諾騎馬像》下堆積的石頭群讓我感到十分好奇。在詢問後得知，這些石頭是代表近年來因新冠病毒死亡數暴增，人民對總統發出的憤怒譴責之意，數不盡的每顆石頭都代表著一條人命，上面刻劃著家屬的思念。

此時來到非來不可、不來可惜又不可以不來的「雷科萊塔公墓」。很少有旅遊景點是參觀這種地方的，導遊說如果是中國或香港人是絕對不會安排的。處處可見雕像、石雕與各式造型的陵墓，滿滿歐式風情。非但沒有陰森詭譎之感，反倒像是參觀雕塑博物館，每個墓地都像是藝術品。地處城市中心，非常適合飯後來散步消食，當然體質敏感的人例外啦！

隔日和友人吃完早餐之後，走出飯店在附近逛，發現有馬拉松比賽，而路線居然在飯店

雷科萊塔公墓。

《曼努爾．貝爾格拉諾騎馬像》與四周堆積的石頭群。

附近的三條大路上，隨意選擇一條路前往，跑步者雖汗流浹背，但表情是輕鬆愉快的。不知不覺看熱鬧足足半小時有了，人數卻一直未曾減少，可見阿根廷是個熱愛運動的國家。當時應該跟著跑一段距離的……有點後悔。

最後一個行程是搭船遊覽知名觀光景點「老虎城」，此處是由幾條河流沉積而成的旅遊勝地。吃完午餐後大家陸續上船，就在此時，小組隊長邀請友人過去坐在他身邊，友人整理手上東西時，將手機放置在他們兩人之間的座位上。船身因水勢而略微晃動時，手機順勢滑落水中，只聽「咚咚咚」三聲，就此跟手機說掰掰。她的手機之前是一直吊掛在脖子上的，有些時候就是如此吧！只能說時也命也，樂觀開朗的友人，雙肩一聳認清事實，回臺第一件事，買一支 iPhone 15。

遊覽老虎城。

讀萬卷書 行萬里路

此行有八位同行的同學好友，一行人路上葷素不忌、拋棄修養的瘋狂行為，幫我這個農婦度過交際能力的低潮，誠摯感謝。

回臺後慢慢在臉書將照片分享給親朋好友，有人說：真好！彷彿看著照片就去了一趟南極……

哦不！不是這樣的！

「讀萬卷書不如行萬里路」的古訓，是經過時間歷練的不變定律。就如同翻閱字典，有一些難字總是記不住，但如果有個親近的同學好友名字裡有這個字，那麼這個字真正的含義就不容易忘記了。就算看再多的網路資訊或旅遊書籍，如果自己不去走一遭，那就永遠無法留下最真實、也最無可取代的記憶了。鼓勵大家，趁著行有餘力，與珍重的友人們一起來趟無法忘懷的旅行吧！

在同學們的鼓勵下，我決定踏上南極之旅，甚至成為了旅遊書的作者。是他們讓我找到了挑戰自我的勇氣。敬友誼！

王瑩的夢想清單

從舊雨到新知——極地奇幻公路

陳怡吟

地球上的小小公民，喜歡在世界各地感受與人互動的溫度，用藝文、美食、旅遊豐富靈魂。

斜槓身分是合格造型氣球街頭藝人，持續用氣球散播歡樂散播愛。

天地之大，人類如此渺小。
世界仍有許多未竟之地，
再會奇幻絕美冰山，
尋回遺留在南極的心。

從舊識阿根廷開始

八歲的某一天，我在家中玩耍，電視播出的旅遊節目正在介紹阿根廷，只見螢幕中的布宜諾斯艾利斯公園景色秀麗、遊客如織……。節目裡的旁白提及，阿根廷是距離臺灣最遠的國家。就在那時，我對阿根廷有了粗略的印象，雖然知道的資訊仍然很模糊，幼時的我繼續把玩手中玩具，但「阿根廷是距離臺灣最遠的國家」這句話，從此深植腦海，不曾忘記。

八年前，我從古巴遊開啟拉丁美洲單國深度旅遊，五年前又跟隨旅遊達人華僑Eric，造訪他從小生長的家鄉阿根廷。那裡的壯麗風光、古典風華，歷史與現代文化交織的種種景色，所形成之底蘊至為迷人。當時看見團員中年紀最小的女孩，正值可可愛愛的八歲，不禁讓我再度想起這年紀的自己，經由電視節目認識了阿根廷。小女孩能在這裡直面感受美好的異國風情，真是個幸福的孩子，祝福她健康平安長大，日後仍能憶起旅遊中的美好點滴。

當時的阿根廷行程安排前往烏斯懷亞三天二夜，途中行經烏斯懷亞港口，我看見多艘探險船在港口停泊，等待旅客上船，準備遠征南極。此時，我心中頓時湧現造訪南極的心願。返國後，打鐵趁熱，開始聽南極旅遊的相關講座、報名行程，不久卻迎來撲天蓋地的新冠疫情，全球所有旅遊陷入漫長的停滯。

歷經四年，世界逐漸重見曙光，我也重新開始了南極旅遊的規劃。在聽了四家旅行社、共七場的南極講座後，選擇了「Scenic Eclipse II」，這艘船預計於二〇二三年四月下水，船上共有九間餐廳，採餐食酒水、上網全包式管家服務，船上甚至配備了兩架

日月合朔號南極身影。

直升機，以備不時之需。這樣高級的服務，不同於以往對極地探險的艱辛印象，讓旅客能用更舒適的方法造訪南極半島。元本旅遊承包這艘豪華探險船，並且獲得官方授權中文命名「日月合朔號」，並帶領兩百位旅客，完成臺灣首次包船遊南極的創舉。

出發前，我最擔憂會影響旅遊體驗的，是險惡的德瑞克海峽，舉凡由烏斯懷亞搭船造訪南極，去、回程大約各有一至二天左右在此海域航行，風浪普遍落於一至十三公尺，若逾二十公尺便會停開船隻，需靜觀天候變化。提到風浪搖晃，當時真的十分感謝龍溢藥局的老闆娘——魏伶艾小姐熱心提醒，行前準備兩種暈車藥，白天吃含咖啡因劑型，夜間睡前吃不含咖啡因劑型，讓我可以在旅途中兼顧日間活動與夜間作息。到了原本憂心的德瑞克海峽，即使仍有些許風浪影響，使得船隻搖晃，但在按時服用暈車藥後，我完全沒有不適，許多團員去程服藥仍飽受暈船之苦，不過大部分的人在回程時，多半也較為適應風浪了。

另一件令我擔憂的事情是，南極旅遊行李限重二十三公斤，讓我有些無所適從。但曾去過南極的友人施惠珠小姐熱心地與我分享她自身經驗，二〇二三年十二月初剛由南極遊歷回國的朋友張麗秀小姐，更是將部分裝備送我，讓我無從著手的行李有了清晰的輪廓。不過南極半島氣候極為乾燥，隨手洗的衣物晾在浴室，隔天已大致九成乾，船上更是備有洗衣與烘衣的設備，大可不必行前準備過多衣物占滿行李。

歷經三十幾個小時搭機、轉機，我們終於抵達阿根廷，於首都布宜諾斯艾利斯休息一晚，五年前的阿根廷遊，我也曾住在這裡，看見當時與朋友合影的大廳階梯和後花園，不禁倍感親切。

隔天，我們一行再次包機前往烏斯懷亞，機上的空姐、空少舉止中有著拉丁美洲民族的活潑特質，他們總以輕鬆愉快心情服務客人，我分享了臺灣的牛奶糖給他們品嚐，空姐也請我吃了幾顆阿根廷糖，這樣歡樂的氣氛好似感染了全機的旅客，讓前進南極的興奮加倍。在機上還有個小突發事件，我上廁所時突遇亂流，空少忘記裡面有人，基於安全考量，他習慣性地在門外將廁所門反鎖。亂流結束時，我因為門打不開感到驚慌，還好有團員知道我在廁所內，解除了這個小危機，差點就成了臺灣包機中的失蹤旅客！

在機上，我也與歡樂二人組空姐空少合影留念。我們這趟旅程的機長是阿根廷人，他的中文名字是「羅爵士」。據他所說，他曾在臺灣長榮航空服務三年，沒想到會在多年後於阿根廷

多年前與朋友的合影及大廳階梯。

載一群臺灣人探訪南極，真是美好的緣分！

烏斯懷亞海邊有一個裝置藝術，是把「Ushuaia」的字體放大的城市地標，在聖誕節十二月期間，裝置的左上角會加上聖誕帽，是個拍照好景點，五年前只有看著團友在此合影，後來深深覺得錯過好景真是太可惜了。這回便期盼能有機會再次前往，果然有盼望便有希望，當車停在此處時，我深感開心，終於能夠完成心願。在鄰近的郵局對面，有一個火車頭造型的吉拿棒攤商，老闆看見我拿著手機拍他，便幽默地示意我進入餐車後的工作檯，並用他的手機和我合影留念。

烏斯懷亞裝置藝術。

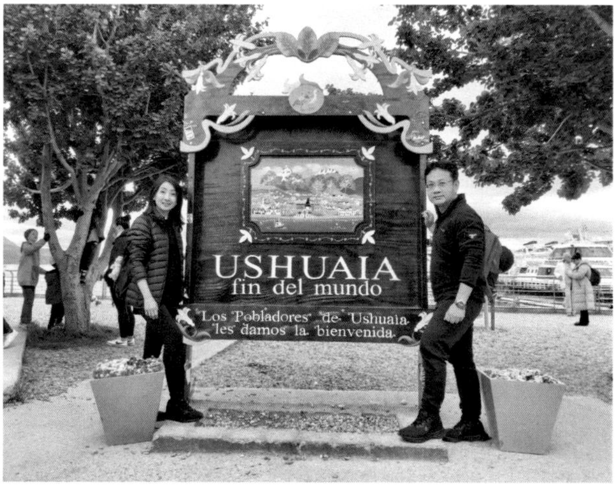

烏斯懷亞地標。

阿根廷人是全球數一數二的嗜肉民族，烤羊肉有獨特的古老傳統方式，肉條烤前先以鹽水醃過，再用迷迭香、芥末、油調味，使用長條十字串起羊肉排，置於炭火旁立地烘烤三到四小時，視覺效果新奇有趣，香氣撲鼻口感好吃。在阿根廷吃牛肉更是過癮，在餐廳中可依部位點餐，一大塊烤香十足、沒有過度調味，挑選自己喜歡的部位，外香內軟，保留著滿滿的肉汁，堪稱喜愛牛肉者的天堂。

遙遠淨土的航行

日月合朔號宛如六星級飯店，美麗舒適兼具，不論何種等級房型皆有對外陽臺，能即時飽覽風景，窗外偶爾可見企鵝在冰山上，更有團員在餐廳午餐時，不經意抬頭望向窗外，看見鯨魚躍出水面擺尾的精彩畫面。某日午後，我在房內吃著向管家許願的馬卡龍、輕啜咖啡，忽見冰山被陽光瞬間照亮，天空很藍、水很清澈、水面上的冰山倒影極為美麗。天空、冰山、海水融為一體，宛如上帝輕揮一筆的名畫。頓時彷彿進入所謂「無我、忘我」之意境，好似人生只有眼前的景緻，再也沒有別的存在。南極是淨土、也是天堂，有幸於此欣賞上帝傑作，可說是人生中至高的幸福。

由烏斯懷亞到南極半島距離八百公里，船公司決定送給所有賓客一份大禮，加碼三百公里航程，直奔南緯六十六．三四度的南極圈，再一路向北慢慢返航，船公司必須增加許多預算才能達成這個目標，一般通常需要至少十六天以上的南極航程才會到達南極圈，這次的航程卻只有十天，本趟能造訪南極圈實在非常幸運。這次旅行，有四對夫妻在船上舉辦婚禮，另有兩對分別結婚三十四及四十的佳偶，一同慶祝週年紀念，其中有兩對新婚夫妻是三十四年夫妻檔的兒女與其伴侶；全家人能在遙遠南極共聚慶祝，十分難得。婚禮的花童則由兩位六、七歲的男女團員擔當，元本旅遊非常用心，在事前便製作好結婚證書，更帶來臺灣捧花、喜糖、彩帶拉炮……。船長感性地念了一首詩表達祝福，元本旅遊游國珍先生也致詞道賀，在南極圈舉辦婚禮可說是別有意義，所有團員都是受邀的賓客，一起共同見證了一場浪漫溫馨的婚禮。

船上共有九家餐廳，其中有五家在營業時間可自行前往，三家需事先預約，另一家「Chefs table」採邀請制，前一天晚上收到邀請函，才能依約前往用餐，我平常便喜歡國內外追逐美食，很榮幸獲得了邀請函。可以在南極半島享受盛宴，光是想像就感到無比浪漫，再次顛覆我過往對

船上四對新婚夫妻的婚禮合照。

於南極探險旅遊的艱辛印象。十天船期共舉辦四場餐會，每場邀請十位來賓，當晚主廚親自在餐廳門口迎賓，已預告今晚將會非常精彩。

我甫坐定，便看見每人桌上皆放著一個有抽屜的小盒子，盒子上面及抽屜內都有一些工具，在十道菜中它們各有用途。不久後，主廚便親自說明每道料理的內容及吃法，更用活潑生動的表演方式引領賓客使用道具、享用菜餚，每道菜搭配一支精選酒款，菜與酒互相襯搭，將每一道料理的滋味延伸，帶出更豐富的層次。其中有道菜模仿雪茄的樣子呈現，先製作煙霧於雪茄放置盒中，再將假雪茄放到桌上狀似菸灰缸的盤中，盤中用調味料擬真菸蒂的樣子。我隨手拿起雪茄比劃，不小心把雪茄拿得像是在拿甘蔗，經過團友教學後，總算是有點樣子了。

最後一道甜點由主廚與甜點主廚共同創作，他們在桌面的黑色玻璃板上用有色糖漿揮灑潑墨畫，更把蛋糕製作成菜瓜布的形狀，放在玻璃板上讓我們沾糖漿吃，營造菜瓜布清理桌面的樂趣，堪稱五感體驗的華麗演繹。

① ②
③ ④

①：抽屜裡的各種小工具。
②：試著擺出抽雪茄的姿勢。
③：擬真雪茄料理。
④：可愛的菜瓜布蛋糕。

向極地居民打招呼

可以和企鵝面對面是造訪南極的一大亮點，有別於在動物園中所見，總是被圈養在侷促環境中，時不時接受餵食秀，或下水游泳取悅遊客，這裡的企鵝在南極半島家中自由自在地生活著，人類在此與牠們有著互不侵犯的默契，所以此地的企鵝看見人類不會躲藏與逃跑，依然悠閒生活做自己，不為所擾，這就是自然與人和平共處的理想狀態吧！

聽說以前在極地遇到企鵝主動靠近，可以近距離享受接觸的樂趣，但現在禽流感已擴散到南極，必須與企鵝保持距離。當牠們離太近時，人類要自動遠離，也要避免身體接觸雪地，這是為了保護企鵝及所有動物的健康安全。

所謂的「企鵝公路」是由無數企鵝在同樣路徑，不斷踩踏過冰雪和糞便後所形成的路徑。企鵝公路上常可見到牠們由高處往低處走，喝水捕食，或由低處往高處返回巢內。有時二路人馬相

步行於南極雪地。

會，會有一方禮讓對方先行，或交頭接耳互通消息。

我們被提醒行走時切勿踩踏企鵝公路，人類的一小步對企鵝來說是一個大坑洞，足以讓牠們跌倒、無法行走。旅客登島前探險隊員會先探勘地勢，用紅旗幟插立在旅客可以行走的路徑上，只可走在紅旗規範內，一來避免誤踩深雪無法自拔，二來不可打擾企鵝、其他鳥類、海豹等南極住民。企鵝雖不怕人類，但每當有企鵝靠近紅旗範圍，大家就會聚集在企鵝公路旁。有些企鵝張望思考後，會選擇不繼續走企鵝公路，改走旁邊的雪地，牠們走在雪地容易跌倒，有時乾脆邊走邊滑行。模樣雖然討喜，卻也是人類干擾到自然生態的一個現象之一。

企鵝同儕之間也會有爭吵，我曾看見兩隻企鵝互相張嘴，大聲咆哮。十二月中下旬正值產後孵蛋時期，公企鵝和母企鵝會輪流孵蛋、捕食，牠們必須小心翼翼為蛋保溫，一旦離開蛋數秒，即有可能因為失溫破裂而失去寶寶。企鵝會到處尋找石頭築巢，找到適合的石頭便用嘴叼到窩中。也有專搶別人戰利品的「石頭小偷」，有些企鵝趁火打劫，到一群孵蛋企鵝旁找機會搶石頭，看著牠們賊頭賊腦的模樣頗為有趣。某隻企鵝被趕走數次後，還是繞著這群孵蛋企鵝繼續意圖行搶，原來企鵝小宇宙中，也有屬於自己的煩惱。

這趟航程總共看見三種企鵝，各有各的可愛與特質，分別是：

帽帶企鵝（又稱為南極企鵝、紋頰企鵝），體型纖細修長，體長約六十到七十公分，體重約五公斤，頭部有一條細黑花紋，似帽子的頷帶。每年十一到十二月左右，雌企鵝會產兩枚蛋，孵化期約三十五天左右。

阿德利企鵝，體長約三十到五十公分，體重約五到六公斤，黑藍色的頭、白色小眼圈、雪白的腹部，腳趾強壯能夠在冰雪上跳上跳下，通常雌企鵝會產下兩枚蛋。

巴布亞企鵝（又稱為金圖企鵝、白眉企鵝），體長約六十到八十公分，體重約六公斤，頭部有一片白色，有橘色的喙，雌企鵝產兩枚蛋，會用石頭築巢，是企鵝中游泳速度最快的。

企鵝走路時左右搖擺的萌呆模樣非常可愛，不知不覺看著看著就過了好些時間，直到聽見返航的催促聲，我才依依不捨地離開。

帽帶企鵝。

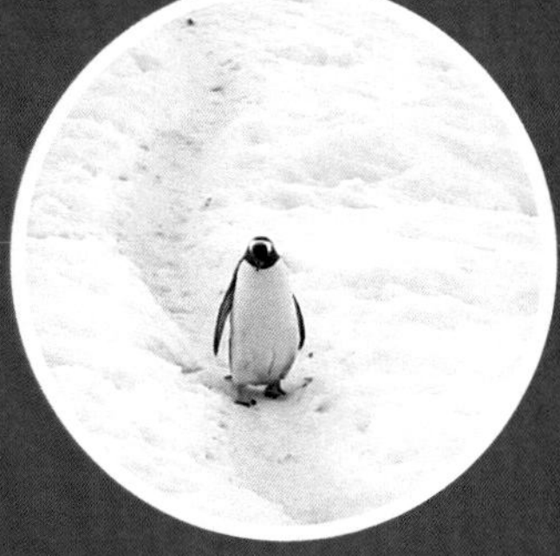
企鵝公路。

在企鵝公路上排排走的企鵝們。

湛藍冰川，奇幻魔境

旅行團造訪南極時，正值「永晝」，太陽一整天都高掛天空，是另一種特別的體驗。船公司發給遊客登島的禦寒外套為全黑色，我原本還有點遺憾不是正紅或銘黃色，但當登島後，大家一起手持臺灣國旗合影，頓時感覺一切都是最好的安排，在遙遠極地看著國旗飄揚，心中的感動滿溢而出。

在極地拉起臺灣國旗。

起初，將極地裝備全數著裝完畢大概需要二十分鐘左右，但在數日旅行後，我熟練到只需五分鐘即可完成。看著自己一身黑，好似自帶一種莫名的專業感，每當套上救生衣，由房門走出，往集合地點前進時，總浪漫幻想自己穿著專業服裝，準備要出任務做大事，展開科幻電影中的精彩故事。

我們扣上安全帶、戴上有對講功能的耳機，觀光直升機即將起飛，我很幸運地能坐在駕駛旁邊。在機上以不同維度欣賞冰川景緻，山峰峭壁千姿百態，壯闊浩瀚、美不勝收，水面浮冰在陽光照射下閃耀湛藍。幸運者還能在清澈水面看見座頭鯨出沒。

南極半島的天氣瞬息萬變，陰天、下雨、下雪或突然颳起大風暴，都可能隨時發生。若幸運出了大太陽，南極就會瞬間變為景色綺麗、溫暖大地與人心的仙境。前一天的登島計畫，隔天可能因天候不佳被迫更改，登島改為搭衝鋒艇巡航看冰山、生態，凡事有賴探險隊長及隊員們的專業判斷，心中保持「一切都是最好的安排」之意念，以隨遇而安的心態看待，旅途中自帶驚喜。有回搭乘

直升機觀光。

衝鋒艇尋找座頭鯨，正當大家眺望遠處尋找蹤影時，數隻座頭鯨已悄然游到鄰近團員的衝鋒艇旁，一個翻身，將龐大的身軀躍出海面，尾巴拍打出大大的浪花。大家屏息見證這一幕，鄰近衝鋒艇的團員不禁直呼「太幸運了！」，這有如 Discovery 節目中的畫面，令人感到十分震撼與驚喜。

南極的冰川與冰山以各種形狀、姿態呈現，無論是經過光線折射，或是迷濛雪中所見，都自帶綺麗風華，每當搭乘衝鋒艇巡航，看見如夢似幻的冰山與飄在水面的浮冰，旅客們總是搶拍景緻，深怕錯過了任何一個絕美

露出海面的座頭鯨尾巴。

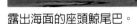

畫面。雪白無瑕的冰山在不同的天候有著不同的風采，而另一種「髒冰」是冰川移動時，山丘上落下的沙、石頭被冰雪覆蓋而形成，在冰川崩落後，慢慢融化顯現。初次見到這樣的景色，我彷彿來到魔境，有種置身異世界的奇幻感，超乎我之前對冰山的想像。過去不曾聽聞南極有黑色浮冰，當衝鋒艇靠近黑色浮冰時，我心中既期待又略感恐懼，自己腦補了許多鬼怪由水底衝出水面的電影情節。不同於我的幻想，黑色浮冰只是靜靜地在海面上漂浮，有著一股黑暗而平靜的美感。但近距離的觀察仍使觀者對大自然的巧奪天工感到如夢似幻，那份震撼感將令人永生難忘。

地球暖化日益嚴重，南極冰川加速消失融化，企鵝繁殖數量降低，有賴全球攜手共同節能減碳對抗暖化，極地美景才能永續保持。磷蝦是企鵝、鯨魚的主要糧食，人類既已有許多飲食選擇，請勿再多吃磷蝦，讓我們一同為極地生態平衡盡一份心力。

有著美麗倒影的浮冰。

海面上的神祕黑色浮冰。

壯麗南極，來日再會

凡事皆有別離，美好旅程已屆尾聲。極地之旅開闊視野，心靈經洗滌與充電，天地之大，人類如此渺小，對大自然心存敬畏。南極壯闊廣大仍有許多未竟之地，期待來日重返南極，欣賞遍地國王企鵝與新生幼崽，搭乘潛水艇潛入海中尋奇，再會奇幻絕美冰山，尋回遺留在南極的心。

感謝元本旅遊與秀威出版社幫旅客出書的美意，爬梳旅後感、重新整理思緒之餘，我能將感動化為文字又編輯成冊，可說是再次實現了不可能的夢想。極地旅遊不是夢，只要願意付諸行動，沒有實現不了的目標，致正在看此書的您，祝福圓夢。

陳怡吟的夢想清單

絢麗燦爛的夢想

美國喬治華盛頓大學碩士主修財務，期間遇到美國「九一一事件」並親眼目睹五角大廈被炸。畢業後曾任職於日商券商擔任研究助理，以及香港外商投資銀行理財規劃專業顧問，具有二十幾年的國際投資經驗，專長為美股選擇權策略。

為實現兒時嚮往古文明的夢想，曾於二〇一五年帶著全家旅住南美厄瓜多一年，遍遊中南美印加、馬雅文明及復活節島等古跡，二〇二三年再度踏上南極與阿根廷的圓夢之旅！

（特別感謝金鐘獎攝影師林大哥為我拍攝的大頭照！）

今年的聖誕節得到令人畢生難忘的禮物，
而這群座頭鯨就好似南極的聖誕老公公，
為我們獻上如此珍貴、蘊含著大自然力量的時刻。

二〇二〇年起所爆發的新冠肺炎病毒，導致各國封城鎖國許久，造成全球超過一．二億人感染、近三百萬人死亡，期間國際旅遊儼然成了一種奢求！無常的生命間接刺激大家對人生的積極態度，對大自然更加嚮往。而「南極」一直是個讓人感覺遙不可及的地方，位於地球氣候最惡劣的極南之地，也因此成為免於人類工業化汙染的淨地，以前只能透過看國家地理頻道或Discovery節目欣賞鯨魚吹泡泡捕食磷蝦、企鵝群聚取暖、海豹獵食等精彩畫面，總夢想著哪天可以親自目睹這些畫面！本來把南極放在二〇一五年底的旅遊計畫，因二〇一五至二〇一六間放下工作帶著全家到南美浪遊一年，是離南極最近的一次旅程。期間本來想趁機就近造訪阿根廷，順道從地球最南端的小鎮「烏斯懷亞」前往南極，結果因為厄瓜多首都基多的阿根廷外交辦事處人員消極處理旅遊簽證，而導致無法成行，甚是遺憾！雖然那時無法完成南極之旅，但還是很慶幸有當機立斷先完成南美浪遊的夢想，否則不知何年何月才能實現了！尤其有些高海拔地方，帶著兩個小孩著實需要體力才能完成挑戰，隨著年紀增長、體力逐漸衰退，著實很難再訪。而另一個曾經能參訪南極的機會是在二十年前，那時親友在南美剛好有兩個難得的船位，但因初入社會工作根本沒什麼積蓄，只能扼腕放棄！

二〇二二年十一月，我參加了元本旅遊的「南極圓夢之旅」說明會，再次觸動那顆探險圓夢的心，當下馬上完成訂位。一些朋友問我：「為何都不用考慮就馬上做決定？」其實這決定已經從兒時每週日看國家地理頻道或Discovery頻道時就下定，已經考慮幾十年了，只是中間無論工作、所得、機會再怎麼符合條件，一切還是需要天時、地利、人和等因素才有辦法成行，而元本旅遊組織臺灣到南極包船的首舉就是最好的機緣。當時臺灣國境與許多國家都尚未完全開放，預計等二〇二三年開放後，大家一定會報復性出國旅行，屆時旅費、機票等一定漲價且一位難求，此時不訂更待何時呢？而事後也證明果真如此！

夢想啟航！

輾轉的旅程

時間很快就過了一年，嚴重的疫情影響終於過去，二〇二三年是大家都瘋出國旅行的一年。我和妻子兩人打算在南極的跟團行程結束之後，多停留於阿根廷三週進行自助旅行，畢竟這兒的簽證實在不好拿到，當初在厄瓜多便因此錯過；而且為了在探訪伊瓜蘇瀑布時也能到巴西端參觀，我們還特別辦了巴西簽證呢！行前準備事宜繁多，我們直到出發前一天都還在忙著打包行李，終於在二〇二三年十二月十七日晚上與太太倆充滿期待地出發了！

第一次搭阿聯酋航空行經杜拜轉機，再落地巴西里約熱內盧轉飛布宜諾艾利斯，飛行超過兩萬公里，加上等待時間總共近三十小時，到達阿根廷首都布宜諾艾利斯的埃塞薩國際機場時已經晚間九點多了。大家原本以為拿完行季即可趕快回旅館休息，隔天一大早五點得起床用早餐趕往烏斯懷亞的包機，沒料到班機的行季還沒到，一行人在行李輸送帶附近徘徊一個多小時後等待無果，只好先回飯店休息，幸而行李最終總算完好地被送回飯店，整理完畢時已經超過凌晨一點了！一行人在幾乎沒睡著的狀態搭上早班包機，接近中午終於來到世界的盡頭，地球大陸最南端的小鎮——烏斯懷亞，位於火地島的南岸。一九〇二年，阿根廷政府將重刑犯流放此地，並利用這些犯人來開拓這片蠻荒之地，因而建立了這個小鎮，有趣的是，甚至連監獄本身也是這些犯人自己蓋的呢！可惜因為得立刻上郵輪，只能利用一點時間到小鎮的郵局寄幾張明信片給自己跟親友。（真的趕到只能草率寫一行字！結果在回到臺灣一個多月後才收到明信片，果然是來自遙遠的地球最南之鎮啊！不過也算是一種難得紀念吧！）

烏斯懷亞的水面上有許多顏色鮮豔的小船。

經過馬不停蹄地趕「機」，從臺灣的家出發到正式登船，前後總共花了約四十五個小時，正式打破人生旅行交通時間的紀錄！登上郵輪大廳接受所有工作人員的歡迎後，我們夫妻迫不及待地逛遍整艘郵輪，畢竟這是人生第一次搭乘大型郵輪啊！待所有人都順利登船後，我們站在最上層欄杆處，看著船慢慢駛離港口，一眼望去，整個烏斯懷亞小鎮甚是寧靜，依偎在旁的巴塔哥尼亞高原如詩如畫。

出港後沒多久就得面臨惡名昭彰的德瑞克海峽，它連接大西洋和太平洋，是世界上最寬的海峽，以多風暴著名，一整年的海象都相當惡劣，屬全世界最危險的航道之一。所幸，此艘日月合朔號二代艦配備的阻尼器很厲害，而且去程海相浪高大約僅三公尺，算是很好的海象，雖還是略有遙晃感，但吃完暈船藥後

烏斯懷亞小鎮旁緊鄰著巴塔哥尼亞高原。

就能安穩入睡。房間旁便是船頭的小型交誼廳，因離主要交流區較遠，大家也都尚在「搖床」上休息，交誼廳成為我醒來後私人包場的大客廳。由於夏天南極永晝的關係，大都是暈灰的天空，偶爾銀色的太陽會掛在海平面上，景象很是特殊，畢竟平時看到接近海平面的太陽都是橘紅色居多。醒來時就到船頭交誼廳喝杯熱茶，一邊望著船外的冰洋，心裡期待著能快點到達那銀白的極南之地。

在船上輕微搖晃近兩天後（也是整趟旅程的第五天），我們終於正式進入南極圈了！船身經過人生遇到的第一座冰山，不是透過電視或雜誌，而是親眼所見的冰山，內心的感動實在難以言喻。第六天睡醒時，我們已進入南極半島的範圍，此時海上出現更多冰山，興奮的感覺流竄全身。期待已久的南極，就近在眼前了！

人生第一次親眼看到冰山！

阻尼器

是一種利用阻尼特性來吸收或抑制衝量，藉以減緩力學振動及消耗動能的機械或液壓裝置。大部分的阻尼器都是以黏壺的形式，透過黏滯流體的阻尼來吸收或抑制衝量。

阻尼

是指任何振動系統在振動中，由於外界作用（如流體阻力、摩擦力等）和／或系統本身固有的原因引起的振動幅度逐漸下降的特性，以及此一特性的量化表徵。

豐富多樣的南極生態

進入南極圈的第一天即收到隔天早上獨木舟活動的邀請函，一看活動時間是早上八點半，我只好扼腕地打了退堂鼓，畢竟經過好幾天的舟車勞頓，想先休整一番，待體力與精神稍微恢復後再參加比較動態的活動，因此我當時選擇了衝鋒艇登島。然而，由於當天下雪，所以我們無法順利登上位於南極大陸西邊南昔得蘭群島的德塔耶島，由探險隊員帶領大家穿梭在海上那些變化多端、藍白顏色交錯的冰山就近觀賞，偶爾會見到幾隻在小小冰山上休息的動物。

在冰山上悠閒休憩的海豹。

各種形狀不同的冰山。

行程第七天（也是進入南極圈的第二天）早上天氣轉好，終於站上南極大陸的土地——菲什群島了！大家這幾天馬不停蹄、舟車勞頓了這麼長的距離、這麼久的時間，就是為了踏上南極大陸這一刻啊！菲什群島上有企鵝聚集地，我們正式與企鵝展開面對面的第一類接觸。午後時分，探險船更特別巡航到附近的霍特達爾灣，由於天氣不錯的關係，此地的冰山拍起來顏色特別美。

當臺灣人踏上南極大陸。

捕捉企鵝望向鏡頭的一瞬間。

霍特達爾灣那晶瑩剔透的藍白色冰山，看起來美極了！

隔天十二月二十四日，郵輪繼續往北開到彼德曼島——此處由德國捕鯨船長達爾曼以德國地理學家奧古斯特．彼德曼命名——岸邊有棟紅色的緊急避難所小屋，是由阿根廷人所建，小屋周圍儼然已成為了企鵝們避風取暖的地方；旁邊更有象鼻海豹圍一圈抱團取暖，實屬難得一見的畫面。

由花崗岩所組成的彼德曼島上住著許多喜歡在花崗岩築巢的阿德利企鵝，我猜是因為夏天露出的花岡岩石可以吸收太陽熱能的關係吧！也因此讓我們得以有幸親眼看見這麼多企鵝聚集的壯觀景象。除此之外，我們還看到了彷彿在引領小艇前進的小鬚鯨，牠們是我來到南極後遇到的第一種鯨魚，也是目前已知最小的鯨魚之一。下午好不容易排到期待已久的直升機行程，飛上高空中自窗戶眺望而下，鳥瞰整個亞勒群島，藍綠白對比分明的冰山、雄偉的冰河、被冰蝕得如同刀尖的黑色山峰……，都是這輩子不可能用雙腳到達的地方。

彼德曼島上的紅色避難小屋。

圍著一圈取暖的象鼻海豹。

彼德曼島上聚集了一大群阿德利企鵝。

當天晚上則是在南極的平安夜，船上十分應景地舉行了聖誕晚會，難忘的聖誕夜就在團員們一起喝酒、跳舞中慶祝共度，這可能是一輩子僅有一次的南極聖誕節了吧？實在值得慶祝！

搭乘直升機，從空中俯瞰高山景色。

自高空中拍攝冰山。

捕捉鯨魚的身影！（王瑩／攝）

走路回家的企鵝們。

聖誕老人來敲門

聖誕節當天繼續北航行到丹科島，此地由比利時探險家阿德里安・德・熱爾拉什發現並命名。今天是重裝登島的日子，但因為人比較多且路程較高遠，導致登頂的時間不夠，最後只好在三分之二處折返，路上常常可以跟企鵝的「高速公路」交錯，那些著急趕路要把食物帶回家，或正往冰冷海洋捕魚的可愛企鵝們，全都是沿著這些高速公路又走又滑的。

下午來到福尼爾灣，這裡是著名的鯨魚聚集地，雖然天氣還是陰陰的，不過這次的巡航過程中遇到了數十隻座頭鯨在獵食磷蝦，是大家夢寐已久的畫面！原來國家地理頻道那些鯨魚吹泡泡「係金ㄟ」！只有在這裡才能真正親眼見證，原來座頭鯨都是三五結隊合作捕獵磷蝦，牠們團團圍圈並在水下吹著泡泡，好將磷蝦趕到海上，然後輪流張口捕食磷蝦；其中有一隻座頭鯨由海面下游過我們的小艇，大家好不興奮，看到這樣的畫面實在感覺相當震撼且感動。今年的聖誕節得到令人畢生難忘的禮物，而這群座頭鯨就好似南極的聖誕老公公，為我們獻上如此珍貴、蘊含著大自然力量的時刻。

看著這些鯨魚為了生存，從遙遠的地球另一端游到這邊，氣孔噴出水柱、合作捕蝦的畫面，心裡又是感動又是讚嘆，內心也不禁疑惑：這麼溫馴的海底之王，以前怎麼會被水手們當作怪物捕捉呢？現在甚至仍有些國家還在繼續捕獵牠們，要不是多年來那些環保團體提倡保護，我們現在很有可能都看不到這些畫面了呢！來南極走一遭之後，更能體會到需要保護海洋動物及減少汙染的必要性，唯有如此，我們才能讓後代子孫繼續觀賞這些美麗的畫面。南極的傍晚沒有夕陽，很快地就來到了回母船的時刻，大家收集到了許多珍貴的畫面，紛紛依依不捨但滿載而歸地跟這些鯨魚說再見。

搭乘小艇看見了數十隻座頭鯨。

十二月二十六日，最後一次的登陸位於奧恩港，我們排到最後的獨木舟活動，所以決定放棄最後一次登島的機會。下午則是此次行程的終點站「夏洛特灣」，午後天氣放晴，太陽難得露臉，加上唯美如名的夏洛特灣真是個拍照的好景點，一眼望去即是被三面冰川及雪山包圍的海灣，一瞬間心中暢然無比。此時船頭甲板僅見金鐘獎「鯨豚攝影大師」林大哥在旁，我趕緊拜託他幫忙拍照，順道借大師那價值不菲的「火箭筒」相機充當道具，裝一下專家。在甲板上跟著專家拍攝如詩如畫的海灣時，又意外捕捉到了企鵝成群結隊在海面上跳動的難得畫面，看起來很像是被什麼動物追趕。

此行最後的重頭戲則是傍晚的集體跳水，本來深怕冷水的我，在看到一些六、七十歲的大哥大姐們都

夏洛特灣風景秀麗，海水澄澈。

勇敢地跳下南極冰洋後，最後也是鼓足勇氣「蹽落去」，拿到南極跳水證書也算是此生難忘的經驗吧！下水時順道喝了一口南極冰海水，比一般海水淡；從水裡起來時全身刺麻，還好船員有準備熱薑茶跟烈酒暖暖身，喝完立刻到SPA間烤箱享受窗外最後的南極白色美景，以此劃下南極之旅的句點。

機會難得，趕緊請林大哥幫我拍下一張拿「火箭筒」相機擺拍的形象照。

SCENIC° ECLIPSE
THE WORLD'S FIRST DISCOVERY YACHTS™

CERTIFICATE

ANTARCTIC POLAR PLUNGE

This is to certify that
Uen He Jan
willingly took a plunge into ice cold polar waters in Antarctica.

Expedition Voyage with Scenic Eclipse
Water Temperature: -0.7 °C 33.26 °F
Location: 64°37.6'S°061°37.2'W
Date: 26th December 2023

CAPTAIN

DISCOVERY LEADER

勇敢挑戰南極冰洋跳水，是一次相當難得的經驗！

最後的相聚

在夏洛特灣跳完水當晚，郵輪便開始再度朝德瑞克海峽前進，回程的浪比來時大，約莫高達五至六公尺。那時有點擔心接下來的投資講座會頭暈，所幸有熱心的同船團友貢獻某牌穴道貼，總算順利完成了人生第一次公開的投資講座。經過兩天的航行後，忽然聽到窗外熟悉的鳥叫聲，打開陽臺落地窗一看，一群海鷗伴飛在郵輪側邊，原來我們已經從地球的極南之地回到世界的盡頭了。大家依依不捨地跟那些雖然不同國籍，但同樣為了夢想走遍五湖四海的船員們揮手道別，我們緊抓著仍舊只有片刻的拍照時間，就匆忙搭乘飛機前往布宜諾艾利斯了，最後還是未能好好地逛逛這世界的盡頭，甚是可惜。

回到布宜諾艾利斯時已經是十二月二十九日，雖然時值夏天，但一出機場便感受到令人舒服的空氣，難怪西班牙文叫「Buenos Aires」，也就是「好空氣」的意思。我們前往市區參觀著名的雅典人書店，此由古典歌劇院改建而成，被評為世界第二大的獨立書店，代表了阿根廷人喜愛閱讀的好習慣。這裡並無特別的紀念品可買，主要是欣賞百年建築之美，書店保留了原始歌劇院的精美雕像、天花板上的巨幅壁畫及歌劇院特有的大紅布簾，布簾後則是咖啡廳，令人流連忘返。只是此地人潮眾多，成了雅賊下手的好地方，同團一位隊友的蘋果手機很快就被偷了！想到南極那些珍貴的照片實在很替他扼腕，只能寄望他的同伴或雲端有備份的照片了吧！

離開南極，四周的景象多了些綠意。

接下來的兩天便是陸續參觀市區著名的景點，像是國會廣場、五月廣場、阿根廷總統府、博卡區、阿根廷鋼花、貴族墓園等等，其中我對博卡區印象特別深刻，這裡以阿根廷已逝球王馬拉度納的故鄉及探戈發源地出名，有色彩鮮豔的繽紛塗鴉及市集，值得一逛，只是商家喊價都很誇張，記得一定要砍到骨頭裡才夠！除此之外，我們還享用了阿根廷傳統炭烤大餐、晚上觀賞探戈表演，充分沉浸在阿根廷的文化之中。

上：這裡是布宜諾斯艾利斯市中心的主廣場，為了紀念一八一〇年發生的五月革命。
中：玫瑰宮屬西班牙洛可可風建築，曾作為軍事要塞。
下：阿根廷鋼花由移居美國的著名阿根廷建築師愛德華多．卡塔拉諾所建造捐贈，原本有六片大花瓣，此次造訪前被百年強風吹落一片花瓣，也算是一種不完美的美吧！

國會廣場大廈有著獨特的薄荷綠屋頂，相當具有辨識度。

旅行團的最後一天，也是二〇二三年最後一天，我們的最後一站是老虎城，殖民時期因西班牙軍隊在此發現許多美洲豹，卻誤認為是老虎而得名，為世界第二大的三角洲，是早期市區貴族們的渡假聖地。在其中一座小島上用完午餐後，團友們把握最後相聚的機會互留聯絡方式，大家都很熱情，尤其當某團友得知我與太太倆人會繼續留在阿根廷自助旅行後，便把身上剩下的披索以較優惠的匯率換給我們，剛好也讓我們免於尋找黑市換匯的奔波，只是原本薄薄幾張百元美金換匯完突然變成大大一疊的現鈔，就變得很難藏了！前往機場的路程上，許多團友們都戀戀不捨地彼此不停揮手道別，而我們也回到布宜諾斯艾利斯市區，開始了為期三週的兩人自助行程。

再會了團友們，再會了二〇二三年！

接受魔鬼的洗禮

與團員告別後的隔天，我們一早即起程飛往伊瓜蘇瀑布，距離上次參觀世界前三大瀑布的「你家那塊大破布」（尼加拉瀑布的諧音）是二〇〇六年七月的事了，此次便是要再收集這塊伊瓜蘇「大破布」，只差非洲的那塊「維多利亞破布」就完成國中地理課時立下的志願了！

首先，我們前往阿根廷端的伊瓜蘇接受「洗禮」，因著名景點「魔鬼的咽喉」維修中而無法參觀，我們只好把重點放在下午的坐小艇「沖」鋒了！隔日則是搭巴士前往巴西端的伊瓜蘇瀑布，雖然在臺灣已經買好入園票，但由於中途的阿根廷出關處排隊太久及塞車而延誤，票務人員說只能排隊等待入場。結果一看，至少幾百人的長龍，該等幾小時才能入園啊?!所幸有到處查詢，問了一位招呼客人的導遊，表示可以花六十美金請一位導遊，或者花二十八美元叫臺計程車就能免排隊入園，而我們當然選擇後者啦！坐上計程車後才知道，從巴西端的入口到真正的瀑布景點，需花費十五分鐘左右的車程，難怪大家紛紛選擇排隊搭入園巴士。這兒的人潮遠比阿根廷那端多，光從這點就能感受到兩國經濟上的差異了。從巴西端觀看無緣親身體驗的阿根廷魔鬼咽喉也很是壯觀。

接著，我們來到巴西的魔鬼咽喉步道，我們為了拍照所以沒穿雨衣，僅戴著帽子感受那一陣陣魔鬼的怒吼，往下望去有股快被吞噬的感覺，難怪會被稱為「魔鬼的咽喉」啊！

伊瓜蘇之旅結束後，我們直飛門多薩，這裡是著名的葡萄酒產區，提供阿根廷全國葡萄酒產量百分之七十以上，在飯店人員推薦之下參加當地凱肯酒莊的品酒行程，這裡的酒可是每天聽聖歌加持呢！

聽聖歌加持的名貴葡萄酒。

在巴西接受魔鬼咽喉的洗禮！

上：從阿根廷端搭乘小艇，壯觀的瀑布流水傾瀉而下。
下：從巴西端欣賞無緣親身體驗的阿根廷「魔鬼咽喉」！

緬懷故人之旅

稍作休息一天後，我們便繼續風塵僕僕地趕往有「月亮谷」之稱的伊斯奇瓜拉斯托國家公園，此趟車程甚是驚險！在開了近四百公里後，終於看到公園入口處的那隻恐龍化石模型，原以為已抵達目的地，結果發現居然還得翻過一座赭紅的岩山，我們一邊讚嘆大自然的鬼斧神工，一邊擔心持續下降的油錶；幸好及時趕上四點的最後一批入園時段，原本以為是要搭公園的探險車，結果得知仍需自駕四十公里路程，讓油量所剩無幾的我們急得焦頭爛額，最後幸好有熱心的票務人員幫我們精算油程路線，才免於半路動彈不得的窘境。

我們買的票是傳統路線，一共有五個停留點，進園前利用空檔時間，在入口處旁好似鐵皮屋的小小博物館中參觀，裡頭大都是模型及少部分的恐龍化石真品。進園後一路上都是沙塵瀰漫的泥沙碎石路，第一個景點是彩繪谷，整個公園在古代是一個大河谷，因不同的礦物鹽沉積而呈現出類似巧克力牛奶的顏色，據說這裡也是世界最早發現恐龍化石的地方。接下來依序是滾球場、人面獅身、潛水艇石……，然後來到威廉希爾博物館，此建物於二〇一五年六月落成，裡面有一些考古科學家正在研究恐龍遺骸，這些遺骸仍被半覆蓋著沉積物；看到這些化石，我不免想到那喜愛恐龍卻意外早逝的外甥……。

滾球場。

伊斯奇瓜拉斯托國家公園入口處。

人面獅身。

潛水艇石。

恐龍化石的考古現場。

最後一站是蘑菇石，我們拍完照後便隨即沿著左邊紅色崖壁往出口移動，同時想像著這一片赭紅與巧克力牛奶交錯的整個山谷，在兩億多年前竟是恐龍聚集的熱帶叢林河谷；而如今的我，正與當年的恐龍踩踏在同一片土地上，多麼奇妙的感覺啊！

蘑菇石。

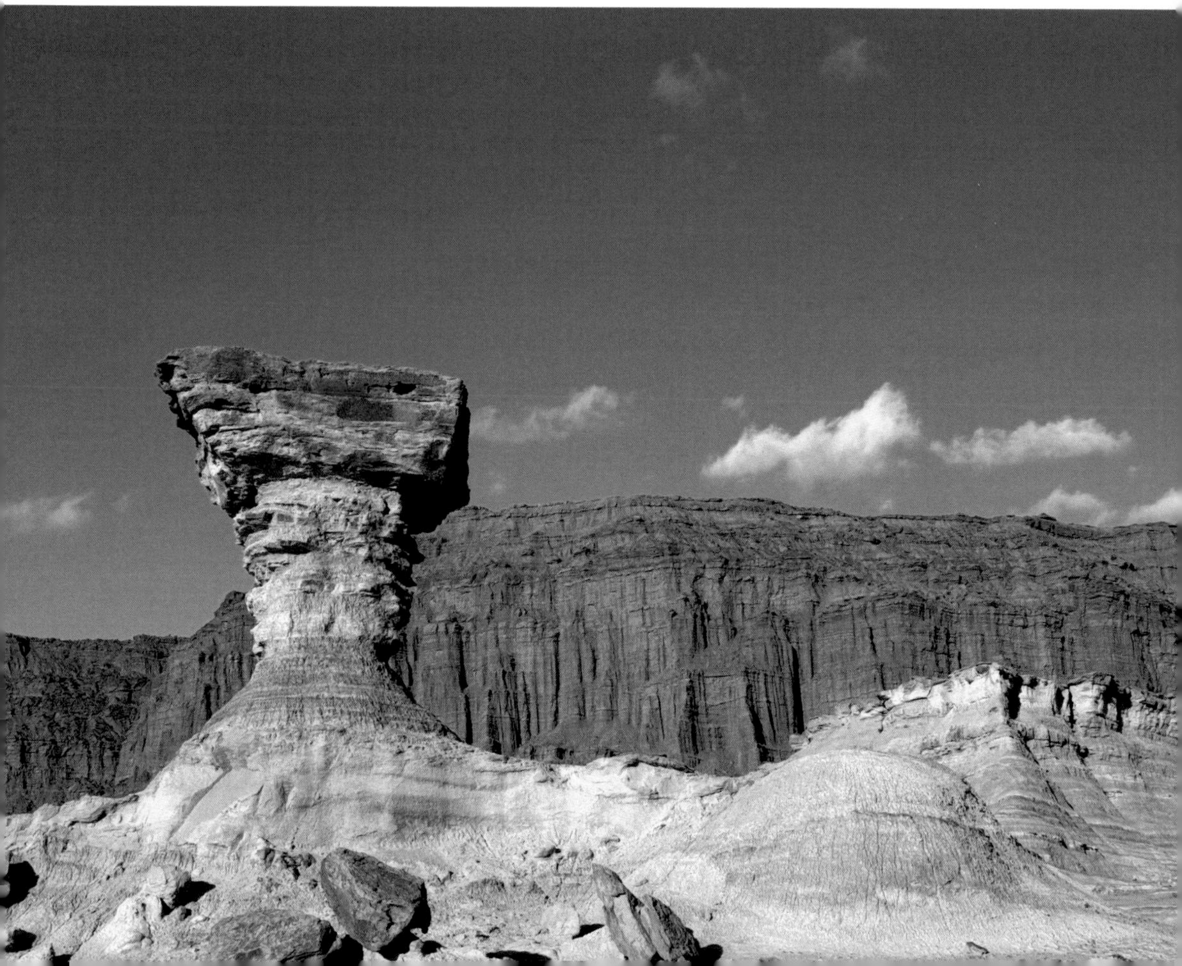

其實在這趟阿根廷之旅中，我堅持要來看這些恐龍化石的原因，除了自兒童時期就對這些史前巨獸充滿好奇心以外，主要是曾經答應過我的外甥，如果哪天我要到發現恐龍化石的地方，就會帶他一起去參觀。他唸小學時曾經因為課業壓力大而選擇翹家，我便與他聊起他感興趣的事物，他立刻回答說是恐龍化石！那時我便告訴他：「書讀不好沒關係，但心中要永遠記住自己的夢想，長大後找機會實現。」找到人生目標的他很開心，自此之後也沒再翹家了。

然而，世事總是無常。他在去參加某位親戚的婚禮當天因車禍意外離世，而我也永遠無法實現當時的承諾了……只能透過在此次旅程中觀看這些恐龍化石，心裡懷著對他的思念與虧欠，來一解多年的遺憾啊！

曾有恐龍生活過的山谷。

讓夢想不只是空想

三週的阿根廷自助行，除了前面提到的景點之外，我們還去了塔拉姆佩雅國家公園、薩爾塔、普爾馬馬爾卡、十四彩山、大鹽湖、卡法亞特、貝殼峽谷等地方，一路上也遇到許多親切熱心的當地人向我們伸出援手；有好多獨特的經歷與心得想跟讀者們分享，但實因版面有限，無法完整敘述整趟旅程的所見所聞，多少覺得有些可惜。不過俗話說得好：「讀萬卷書不如行萬里路」，翻閱再多介紹資料，永遠不及自己親自走一遭啊！

此趟近四十天的旅行，大概飛了將近五萬多公里、開車近三千公里，破了生平單次旅行紀錄！很多地方真的得趁體力還可以的時候趕快去！「莫忘初衷」是我在二〇一五年完成中南美古文明夢想之旅後最重要的自我提醒，因為一直沒忘記兒時對古文明的夢想，所以那時便透過自助旅行的形式，在適當的時刻去實現長久以來的夢想。此次南極與阿根廷之旅也是在實現年輕時做的夢，甚至在寫作期間還多次夢見自己仍身處南極呢！

塔拉姆佩雅國家公園的探險小巴士。

塔拉姆佩雅國家公園裡的史前岩畫。

普爾瑪瑪爾卡的七彩山。

風光明媚的十四彩山。

鹽湖清澈如明鏡。

貝殼峽谷中的圓形劇場。

上：貝殼峽谷中的魔鬼咽喉。
中：貝殼峽谷中的蟾蜍石。
下：貝殼峽谷中的城堡。

相信每個人心中總有夢想，童年時期的夢總是最原始單純，只是大部分的人出了社會、面對現實生活的各種挑戰，就在奔波勞碌中將那些兒時的夢想擱置在內心深處，或甚至放著放著就遺忘了，若是沒有特別把它們挖出來，驀然回首，往往已是百年之後。所以我時常警惕自己，同時也告誡自己的孩子，人生有夢要銘記心中，列出自己的「夢想清單」，盡力且盡早地去完成，不要總是抱著「以後再說」或「工作沒空」的理由與藉口，年紀漸長時也別說「體力不好走不動」，更不要因為物質生活豐富了，就忘記以前的那些夢想……唯有自己努力地一步步完成，才會真心珍惜這些過程與回憶！尤其是在現代愈趨虛擬化的世界之下，實現生活

中的夢想更顯珍貴；在此鼓勵大家，在努力打拼、認真生活的同時，也別忘記找到自己的夢想，並盡力實現！

夢想、夢想、夢想（因為很重要，所以說三遍！），有夢就要去追，否則一切都只是場空想！

詹文河的夢想清單

一百個南極夢

出生苗栗市，大學之後定居台北。
喜歡看書、聽音樂、看電影和畫畫。
喜歡待在熟悉的地方，也喜歡透過旅行觸摸世界的輪廓。

有一百個人，就看過一百種風景，
而我也從這些人的人生經歷中收穫了許多深刻的體悟。
大家因著不同機緣來到這艘船上，
將原本素昧平生的眾人繫在了同一條絲線上，
這也讓我們分外珍惜這相遇的緣分。

幾經波折的海上之旅

這趟南極之旅帶給心中最大的觸動，是對大自然的敬畏和對緣分的珍惜。雖然不是第一次前往南美，但我卻從未不間斷地飛行三十個小時。因行李延遲，我們將近半夜才終於抵達布宜諾斯艾利斯的飯店，只睡了幾個小時後又搭乘一早的班機飛行四個小時，前往世界最南端的城市烏斯懷亞，準備登上南極郵輪。這打破生平紀錄的飛行時數肯定要好好筆記一番，同時也讓我深刻體會到，我們真的到達了地球上距離臺灣最遠的角落了！

登船第一站便進入了世界最寬、最惡名昭彰的德瑞克海峽，單程往南航行需兩天才能進入南極圈。由於德瑞克海峽位於三大洋的交界，海象洶湧，所以會遇到什麼樣的風浪全憑運氣。

我出發前有在 YouTube 看過別人分享橫渡德瑞克海峽的影片，其中特別印象深刻的一幕是寶特瓶在郵輪地板上滾來滾去的畫面，所以第一晚睡前就直接吞了暈船藥，打算昏睡兩天。然而我們去程的運氣不錯，還算平穩，但回程就必須倚靠暈船藥加上熱心大姐致贈的暈船貼片，才得以全身而退。

當第一塊浮冰出現在船頭時，大家都衝到五樓的甲板上，迎接這歷史性的一刻——我們終於通過德瑞克海峽的考驗，正式航向南極圈。

此行搭乘的南極郵輪「日月合朔號二代艦」是二〇二三年四月才下水半年多的船艦，設備新穎且相對平穩，而多虧了探險隊員每天都會辛勤地先去勘查探路，大幅降低了我們在南極登島的困難。主要辛苦的部分在於交通時長，以及若萬一有緊急醫療需求，直升機往返也都需要花費一天以上，容易發生延誤病情的狀況。畢竟在這世界的盡頭，風速和海象都難以預料，所以還是建議在健康許可的狀況下，把握時機、及早成行。

但這一切的顧忌與煩憂，都在我看見第一塊浮冰、首次巡航發現企鵝的身影時，就覺得都值得了。

遺世而獨立的冰雪幻境。

海面上布滿了碎冰。

相遇的片刻

氣候的變異和極端，在世界之南特別有感。

在我們抵達布宜諾斯艾利斯的前兩天，當地吹起一陣從未出現過的莫名颶風，摧毀了首都約三分之一的道路。所經之處樹木傾倒、交通中斷、航班停止起降，就連知名地標「阿根廷鋼花」的不鏽鋼花瓣也被打落兩片。而我們的班機能順利降落，交通只受到些微影響，實屬萬幸。

南極登島總共只有珍貴的五天，通常會在上午登島，下午再乘衝鋒皮艇巡遊。我們第一天就遇到風速過快而取消上午登島改為巡遊的狀況。全天其他如獨木舟、立槳、直升機等活動也盡數取消。大夥們看著陰翳的天空，開始擔心起未來幾日的天候。

幸好第一次巡遊就沒讓人失望。乘著橡皮艇穿梭在滿滿碎冰的海潮之間，所發出的摩擦聲是感官上的一大刺激。一座又一座造型奇幻的冰山在底部透出淡藍光彩——有的呈皇冠形狀，中間平坦如雪白沙灘，讓人好想呈大字型平躺在上面；有的像一隻大猩猩似的，威風凜凜地斜睨著我們；有的像駱馬、綿羊、馬特洪峰，甚至還有像亞述文明雕像的冰山……，各形各色的冰山總能激發隊友們的想像力，讓衝鋒艇上歡聲笑語不斷，這些上帝的雕塑傑作真是令人嘆為觀止啊！

突然，眼尖的探險隊員指著前方冰山底部的幾個小黑點問道：「你們看見了嗎？」然後開著衝鋒艇全速前進，直到靠得夠近時才關掉引擎，以免驚擾到那些「小黑點」——只見三五成群的阿德利企鵝正在岸邊蹦蹦跳跳。牠們看到「衝鋒艇」這種陌生物體接近，便開始交頭接耳，觀察了好一陣子之後，確定我們沒有惡意，才放心地繼續行走。

緊接著，一群韋德爾氏海豹從不遠處游過，尖尖的鼻頭不斷探出海面，隊友們興奮得想站起來看，卻被探險隊員趕忙制止，再三強調在衝鋒艇行進中一定要坐穩。雖然有穿救生衣，但在南極落海可不是件好玩的事啊！而第一次巡遊就看見好幾隻企鵝和海豹，探險隊員則不禁驚呼我們真是好運。

超級巨星駕到！

抵達南極圈的第二天，不僅天氣陰暗溼冷，而且還飄著雪，不過卻是個可以登陸的日子！於是，我們總算在第二天上午正式踏上了南極大陸。出發前，身邊朋友曾打趣地問我們到時候會不會將國旗插在上面？其實根據《南極條約》，是不允許有這種行為的，但貼心的導遊幫團員們準備了南極大陸的旗幟和中華民國國旗，讓我們高舉著讓旗面隨風飛揚，滿足了大家的心願。

隨後，大夥兒拿著雪杖小心翼翼地前行，走著走著就飄起雪來了。這兒是阿德利企鵝群居的大本營——眼周一圈白色、身形嬌小的阿德利企鵝，是法國科學家以他妻子的名字所命名。我們沿著探險隊員規劃的路線行走，才得以近距離觀察牠們的巢穴。

第三天登島的岸邊是阿根廷研究站，紅色小屋上掛著藍白橫條的阿根廷國旗，在雪白的世界裡煞是醒目且適配。而成群的巴布亞企鵝就築巢在一旁，身形巨大的象鼻海豹也圍成一圈慵懶休息。有一、兩隻巴布亞企鵝越過探險隊員拉起的橘色警戒線，大搖大擺地從人群中穿過，甚至好奇地想靠近我們。然而根據《南極條約》，人類必須跟野生動物保持五公尺以上的距離，所以小企鵝一走近，團員們便自動讓出一條通道，並忙不迭地拿出手機、單眼相機等瘋狂拍攝牠們顧盼生姿的身影，比巨星登場更具魅力。

此時，有隻企鵝筆直地朝這邊走來，讓原本蹲著拍攝的我差點來不及起身後退；另一隻則在人群中逛大街，一會兒對人類饒富興趣，一會兒對被遺留在原地的腳架感到好奇。而正當眾人目送牠來到岸邊時，這隻企鵝突然立定，接著抬起短短的右腳，彎下頭搔癢臉頰，用他那圓滾滾的身體和小短腿表演金雞獨立，動作難度之高，足以媲美奧運體操選手啊！

由於全球禽流感的進逼，我們甚至連膝蓋都不能著地，唯恐身上帶著的任何病菌、毛屑會影響南極生態——不過滑倒除

紅色的小屋配上天藍色的阿根廷國旗，甚是好看。

南極的超級巨星——巴布亞企鵝列隊出巡！

外，團裡有不少人，其中也包括我，都匍匐跪地了好幾次呢！

企鵝是群居動物，出發覓食前會由帶頭的「班長」督促整隊。牠們三五成群地沿著「企鵝公路」搖搖擺擺行進，努力地展開小短翅以保持平衡，但由於雪地溼滑，總免不了跌跤，有的索性就趴下來用肚子滑行一段，再站起來繼續跟上隊伍。企鵝們跋涉好一段路才總算抵達岸邊，下水前牠們會擠在岩石上排排站好，一邊左顧右盼、一邊交頭接耳，好似在相互討論著什麼，待觀察環境完畢、選定時刻之後，班長企鵝一聲令下，帶領著夥伴們「噗通！」跳下水，一隻緊接著一隻，團結有秩序的模樣真的超——級——可愛！

下午巡航時，我們被數隻南極小鬚鯨包圍，為了捕捉背鰭出水的畫面，隊員們只要聽到噴水聲就趕緊左右張望，猜測小鬚鯨的所在方位。有隻小鬚鯨甚至在船頭右前方幾公尺遠的位置翩然現身，之後就一直在船艦附近優游，彷彿是在為我們領航一樣，直到接近大郵輪才轉身離去。

企鵝體操。

南極 水上芭蕾

第四天傍晚終於轉晴，幾乎每艘衝鋒艇都有被座頭鯨環繞的經驗。運氣好的時候，巨大的身影甚至會從前方游過，坐在船上的我們享受著堪比搖滾區第一排的震撼。

座頭鯨會群體圍獵，在水中形成漩渦泡泡，把磷蝦、小魚困在其中捕食。我們幾艘衝鋒艇非常幸運地置身圍獵場中央，被莫約一、二十隻座頭鯨環繞，牠們三兩成群，先在海面下鎖定目標魚群，接著構築氣泡網……當水面出現一圈又一圈的泡泡時，會先聽到如蒸汽火車般充滿臨場感的噴水聲，這時座頭鯨的背鰭「唰」一聲浮現，如獅吼馬鳴般響亮的呼叫聲此起彼落，緊接著是標誌性的黑白尾鰭，如蝴蝶展翅般高高舉起。

我們有幸近距離目睹三隻座頭鯨輪番噴水、呼朋引伴，一個接著一個尾鰭錯落有致地從粼粼海波中升起，那充滿韻律感的優雅拍落，彷彿正在出演一場絕美的水上芭蕾，讓我心中浮現一種難以言喻的滿足感。

第四天傍晚，天氣終於由陰轉晴，我和丈夫很幸運地排到五點多的直升機巡航。我們在清朗天色下看著雪山逼近眼前，駕駛員輕巧地翻越三、四千公尺的山稜線，前方還有高過雲層的皚皚山頭。轉個角度，整座壯闊的雪山從海面完整浮現，廣袤無垠的雪灘上，湛藍冰川縱橫綿密地刻下深痕，直至入海。大小紛陳的海冰如細碎的玻璃碎片灑滿海面，雪白海冰底部透出淡藍綠光彩，襯著墨藍深邃的大海，就像一幅變幻莫測的巨型抽象畫。

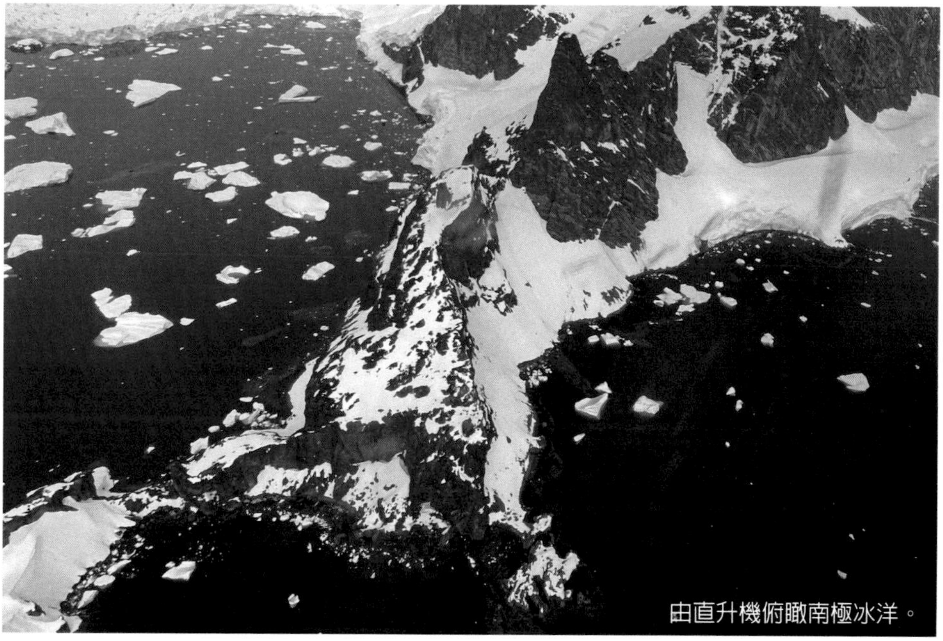
由直升機俯瞰南極冰洋。

僅此一次 錯過不再

第五天是極圈行程的最後一日，也是天氣最好的一天。我非常幸運排到上午獨木舟、下午立槳。九點划著獨木舟出發時，天空還陰陰的，風也十分強勁。等我划到岸邊時，大雪紛紛飛落臉上，看著正在進行登島活動的團員們，不畏風雪地走在Z字形登頂步道上，令人倍感艱辛，而帽帶企鵝就築巢於如此險峻的懸崖邊。我們划著獨木舟從島的外圍觀察牠們的棲息地，對企鵝們那特別強勁的腿力和高超的登山技巧深感佩服！

下午划立槳時，我們被幸運之神所眷顧，不僅陽光普照、海面如鏡，那平靜無波瀾的水面，讓幾位從未玩過立槳的隊友，最後都順利起身、站上槳板。更感謝在不遠處淺眠的兩隻座頭鯨，海上一片靜謐，只聽見牠們每隔幾分鐘傳來的噴水換氣聲。大夥們幸福地在座頭鯨和湛藍浮冰間輕輕地划行，抬頭看向遠方的皚皚雪山，襯著水中那兩座沉睡如島的黑色身影，彷彿天地間只剩我們和牠們一同呼吸著此份寧靜。

當晚和上午參加立槳活動的組別聊起，才知道我們有多麼幸運！排到上午七點划立槳的隊員，由於天陰風浪大，所以全數落水，幸好他們都穿著全身防水防寒的配備，所以安全無虞，但還是有一位團員不巧被槳板撞到上唇破皮。

我只上過一堂立槳課，所以一開始只敢跪在板上尋求平穩。而另一方面則慶幸自己是組上少數有帶手機的人，才能幫組員們拍照留念，而後又堅持不懈地在槳板上跪著等待，最後總算皇天不負苦心人，成功錄下了座頭鯨數分鐘才噴一次水

大家全都成功地站上槳板，多虧了平靜無波的海象！

的珍貴畫面！在板上跪久了，整個人腳痠腿軟，此時已經有三分之二的團員都已成功站立，順利朝座頭鯨方向划近。當時的海面相當平穩，我才終於鼓起勇氣站起身，不過立著划槳後我就再也不敢鬆手拿手機了。經過這次經驗，我決定要好好精進自己掌控槳板的能力，將來若幸運再遇上這種一生一次的風景，絕不能全憑運氣，一定要做好充足準備，以待機緣。

一整天的海上活動下來，讓我不禁感嘆：極地的天候和海象真是瞬息萬變啊！什麼時候會遭逢什麼樣的風浪、什麼地域會巧遇什麼樣的生物，我們完全難以預料，讓人怎能不對大自然和造物主的安排心生敬畏和感謝呢？

郵輪大家庭

我們這次搭乘的日月合朔號二代艦，據說是臺灣第一次包船南極郵輪的創舉，也是我人生第一次搭乘郵輪。全船乘客約兩百人，工作人員與乘客將近一比一，服務相當禮遇周到。除此之外，為了因應乘客全為臺灣人，郵輪不僅量身打造了適合臺灣人的餐食，更安排了能與我們用中文交流的探險隊員。

這次的二十三位探險員裡有四位中文探險員，在這五天的行程中，幾乎有一半以上的活動都會有中文探險員跟隨在旁，有些特別需要中文服務的團員，也會有導遊協助翻譯。

雖然我的英文溝通能力尚可，但在南極這樣的生態之旅中，聽到探險員以中文詳細解說眼前企鵝的品種、海豹的習性，讓我們突破了語言隔閡，對此處的生態有著更深刻的認識，畢竟動物專有名詞和對於生物習性的描述，若是用英文解釋的話仍舊有一些難度，想必許多人聽了還是會一知半解吧！而每日的船長廣播和當日所見生物的回顧，都會有臺灣籍的探險隊長同步翻譯，讓人加深對這些生態知識的印象。

聖誕夜當天，船上舉辦了音樂會，郵輪女孩 Noniko 吹奏長笛，為大家帶來精彩的演出。聽著她緩緩訴說自己在郵輪上如何推廣臺灣之美的歷程，搭配精選的聖誕歌和壓軸的〈何日君再來〉協奏曲，真心感謝她為我們和臺灣所帶來的一切美好。

而最讓我驚訝的是——優雅的音樂家，白天竟然也是探險隊的一員！

探險隊員每天一大早都需要在我們登島前先行探勘，規劃、整理出最佳的登島

日月合朔號二代艦航行在南極冰洋。

路線。尤其最後一天的Z字路線，幾乎會需要在冰上鑿出天堂階梯，才能讓我們可以拾級上攀。而當日清晨大雪紛飛，其工作之吃重可想而知。

到了下午，他們還得開著衝鋒艇帶我們巡遊，哪個地方有鯨魚、企鵝、海豹……都需要對環境有敏銳的觀察力、豐富的經驗值，以及具備相關專業知識。如此允文允武又兼具體力和耐心，讓我忍不住對全體探險隊員致上十二萬分的敬意和感謝！

「食」在美味

郵輪上的五間餐廳各有不同風味。除了需要預約的Lumière法式料理、壽司和鐵板燒之外，另有四家餐廳：分別是義大利餐廳Elements、亞洲複合餐廳Koko、Azure Café咖啡輕食、Yacht club buffet，輪流為船上乘客供應豐盛的一日三餐。為了配合臺灣人的飲食習慣，亞洲餐廳除了麵、飯之外，還準備了藥膳及薑湯等適合極地氣候又相當具臺灣味的「暖身」料理。

餐點的平均水準甚高，最特別的就屬法式主廚料理了，餐點道道精緻可口，上菜時廚師會仔細說明內容做法，比如其中一道松露濃湯，會先用金紅色餐盤呈上一碟繁花，再用白瓷壺淋上濃湯，接著用滴管點上幾滴松露油，完成色香味俱全的一道前菜。

由於法式餐廳內座位安排的關係，我們有幸和從臺中來的四位大哥大姐同桌用餐，他們都是品酒達人，所以一入座便立刻向服務人員索取酒單；據達人評點，船上酒飲的品質極佳，他們大方分享氣泡細膩的香檳和醇厚紅酒，為美味餐點增色不少。

每間餐廳都有一整片臨海的大窗，一邊用餐、一邊看著鬼斧神工的冰雕從旁漂過，是船上三餐的幸福日常。有時吃到一半發現大家全都站到窗邊，就知道有驚喜上演了：浮冰上出現海豹、企鵝成群游過；鯨魚在近處上演水花秀……，一切難得的景象，總讓人不住驚呼連連。

大廳酒吧開放的時間也很長，除了經典調酒之外，還可依需求客製特調。其中最印象深刻的是我點的第一杯卡布奇諾咖啡，酒保要我自己選圖案，他再用 3D 拉花機把可愛的小企鵝印在奶泡上，真讓人捨不得喝下去。若有準備好的照片，也可以上傳檔案後請他客製專屬咖啡。

郵輪上的你我他

印著可愛企鵝圖案的咖啡，真想永遠保存！

出乎意料的是，大家在吃過好幾頓大餐後，決定改去應該只有賣輕食的 Azure 咖啡館，沒想到他們居然連早餐都出現烤牛排的選項。見狀大家都笑稱，這趟旅行結束後不知道肚子要長幾圈肉了呢！

全船臺灣人的氛圍令人覺得倍感親切，近兩百人在這九天的時間之中，每餐在三至五間餐廳相逢，很容易就跟臨桌的乘客相談甚歡。大家一起分享各組登島巡遊的所見所聞、過去曾參與過的行程等等，我們天南地北、無所不談，也因此很容易就交到談得來的朋友。

巡遊第一晚，有四對新人在船上舉行婚禮，由船長證婚。原以為只是單純參加一場歡喜熱鬧的典禮，但內心卻意外在新人們分享各自的交往經歷時被觸動。有人遠距離戀愛多年，長途飛行只為相聚一日；有人彼此討論決定將蜜月預算大筆一擲，前來南

溫馨舒適的郵輪套房。

極旅行。寫給另一半的話語字字真誠，讓在場的所有人無不深受感動，在如此溫馨的氣氛下，大家都舉杯獻上深深的祝福。

我和老公住在最靠近船頭甲板的房間，旁邊的景觀咖啡廳二十四小時開放，可隨時自助取用咖啡、TWG茶品、熱薑茶和點心，就像我們的第二廚房。在這兒時常可以看見探險隊員和導遊們認真開會討論，我們也常流連於此，和新朋友促膝長談。

此行有多位獨自參加的團員，他們大多會在出發前跟同房室友先加LINE連繫、打招呼，行前彼此熟悉一番；而實際同住之後也都相處融洽，大家很快地成為了朋友。有時候，實現夢想無法等待他人同行，幸運的是，一旦出發後就會發現自己從不孤單。其中有位臉色紅潤的七十歲幼稚園園長媽咪特別讓我印象深刻：她是個人報名，參加主因則是因為想再次體驗郵輪之旅。她說每天都在船上睡飽睡滿，然後有天發現自己被浮冰包圍著，那一瞬間的感覺是：「我怎麼這麼幸福啊！」

每個人都有愛上南極的獨特原因，而這種發自內心的幸福感，更是無可取代的珍寶！

另外還有陪伴輕度中風先生登船的太太，也有想完成先夫遺願的女士。有一百個人，就看過一百種風景，而我也從這些人的人生經歷中收穫了許多深刻的體悟。大家因著不同機緣來到這艘船上，將原本素昧平生的眾人繫在了同一條絲線上，這也讓我們分外珍惜這相遇的緣分。相信此行的每個人都擁有專屬南極體驗，且已透過不同方式去實現自己的南極夢了！

此生必來南極一趟！

黃郁晴的夢想清單

世界之大

臺南市人，美國奧瑞岡大學工業工程博士、臺灣私立東海大學工業工程系學士。

曾任美國加州房地產經紀人、阿卡西紀錄諮詢師等；後於華生製藥公司擔任電腦系統品保經理，二〇一七年退休。

在親眼看到雪白壯麗的冰山時，
我深刻感受到人類的渺小。
世界之大，若不把握機會多走走看看，
豈不白來了地球一趟？

內心拉扯的行前準備

從小就覺得南極是一個很神祕的地方。自從二〇一七年從公司離開之後，就一直在旅行。跑了很多一般人會去的地方，也想嘗試普通人較少踏足的景點。剛好有朋友在揪團，覺得這個機會實在太難得，於是就報名了！

在登上「日月合朔號」之前，我也有幾次在阿拉斯加及墨西哥等地坐郵輪旅行的經驗，還曾經在尼羅河短暫搭乘過帆船河輪。只要船上的設備夠齊全，我覺得搭船旅行是一個相當舒服的選擇。

我從來沒有去過南極，對南極的零星印象也僅止於雜誌和Discovery 頻道中的介紹，因為距離遙遠，所以南極對我而言就只有「神祕」二字，而比鄰接壤的阿根廷，雖然可以透過許多新聞報導感受到這個國家的熱情，但也因為少有接觸，所以始終感覺蒙著一層面紗。雖然對這兩個地方少有接觸，不過我對那裡的自然生態相當感興趣，並且也曾在幾年前到過其他極地氣候國家旅遊，如：在阿拉斯加搭直升機，到山區參加狗拉雪橇的活動；還去過芬蘭的極光小屋觀賞極光、冰釣、騎雪上摩托車等等。那時雖然覺得極光美到不行，但同時也冷得讓人受不了。可即便如此，仍然無法澆熄我渴望探索南極的熱情，「踏上南極土地」對我而言是一件不可思議，卻又十分嚮往的事情。

由於我長年住在洛杉磯，並沒有適合極地氣候的服裝，出發前便準備了好幾件有不同防水效用的保暖褲子、毛帽、防水手套等等。加上本身體質偏寒、非常怕冷，所以行前一直很焦慮，而看到行程安排中有一項是要穿越惡名昭彰的德瑞克海峽，更是讓我擔心是否會發生暈船不適的狀況。

終於踏上夢想中的南極土地！

無與倫比之美

然而，「去南極探險」一直都是我圓夢清單上的項目，我滿心期待著可以踏上南極、達成目標；最終，興奮的情緒壓過了所有的不安與擔憂。

南極，我來了！

踏上南極和離開南極，都必須在阿根廷的布宜諾斯艾利斯轉機，而我們也抓緊機會，好好參觀這座美麗的城市。一路上聽著導遊的講解，對於阿根廷從已開發國家，時至今日降格為開發中國家，實在覺得不勝唏噓。整趟旅途的最後一天，我獨自在布宜諾斯艾利斯晃了好些時候，不禁覺得這座城市有種頹廢的美感——巷弄間有老舊、滿是塗鴉的建物錯落其中，但轉角之後卻又是古意盎然的美麗古典建築；而角落裡有時可以看到無家可歸的遊民街友，過了一條街後，卻是熱情奔放的時尚男女。真是一個充滿矛盾的城市。

我們從布宜諾斯艾利斯飛往烏斯懷亞，再從烏斯懷亞搭船橫越德瑞克海峽，最後終於踏上了南極大地。那一瞬間，我內心充滿了一種難以言喻的、對天地宇宙臣服的感動。看到大自然的鬼斧神工造就了這個寧靜安詳、純白無邪的世界，混合一種破碎而危險的美感。映入眼簾的，是整片由冰山和冰洋所構築而成的白色世界，在深沉的寧靜之下，隱藏著可以毀滅一切的力量。從電視或雜誌上看到的冰山美景，與身臨現場的震撼相比，根本只是九牛一毛、滄海一粟。

在南極，時間彷彿靜止了。南極似乎就是地球上最後一片淨土。我想我會一直記得初見南極的感動。

寧靜之下蘊含的強大力量。

南極海幻象

在這次的行程中，有很多不同的活動與設施可以體驗，瑜珈、熱石按摩、直升機、衝鋒艇、立槳等等我都很喜歡。原本只是聽探險隊員講解在南極可以進行的活動，一股「挑戰自我」的衝動便油然而生，我去候補報名參加了獨木舟活動，非常幸運地候補到最後一個位子！我的隊友是領隊之一的小布希，他是一個既溫暖又真誠的人，在他的幫助與鼓勵之下，我順利地完成了人生中的第一次獨木舟體驗。由於我的個性比較內向，不太容易跟大家打成一片，雖然小布希不是我的領隊，但他在旅途中卻是對我照護有加，不時地噓寒問暖，讓我緊張的心情得以快速平復。小布希的臉上永遠掛著微笑，也會常常熱心地幫助他人，我想這或許是職業習慣使然吧！對他而言，我只是他認識的眾多遊客之一，旅程結束後，未來大概也沒有機會再相見，但他簡單的問候和關心，讓我看到了人性的美好，恰好與南極純粹的美麗相輝映，也為我這趟南極追夢之旅增添了一道美麗的光。

雖然我是一個相當怕水的人，但在參加過獨木舟活動之後，我覺得自己彷彿被南極海所接納。這讓我克服心裡的恐懼，進而勇敢地參加了跳水活動，也成為了我印象最深刻的回憶。

跳水之前的心情非常緊張，雖然本身會游泳，卻對水懷抱著一種莫名的恐懼，尤其是不敢在腳踩不到的地方游泳，即便知道自己安全無虞，但仍是需要相當大的勇氣才敢跳進水裡。

終於，我鼓起勇氣……噗通！跳下去的時候可以清楚聽見水花濺起、身邊泡泡一直撲騰的聲音，我覺得好像在恍惚間看到自己整個人慢慢往下沉……一直不斷向下沉……髮絲往上浮了起來，泡泡持續從我體內湧出，圍繞在我身邊；看見自己朝南極海的深處下沉、墜

平靜無波的水面，與蔚藍的蒼穹相照映。

落……我看到到橄欖綠的南極海，似有水草在身邊漂浮。我的雙眼一直是維持緊閉的狀態，雖然內心深處知道這些畫面都只是我的幻想，但那景象卻是如此真實……。

慢慢的，我覺得自己快憋不住氣了，身體依循求生的本能，往上飄出水面。我呼吸到了新鮮的空氣，一陣刺骨的寒冷侵襲全身。由於過度緊張，所以忘記應該要游到旁邊的扶梯，我在慌亂中只知道自己要一直抓著繩索，沿著繩索往上爬……往上爬……，心裡一邊不斷慌亂地想著：「為什麼救生員不拉我上去?!」在一陣兵荒馬亂過後，我才發現自己一直嘗試從不對的地方爬上船，便努力冷靜下來，這次總算看懂了救生員的指示，連忙游到邊邊的角落裡，沿著扶梯爬上船。

擁抱恐懼，挑戰自己！

意猶未盡的終點

這次的旅程，最讓我意外的是船上的飲食，居然有供應臺灣菜餚！例如：薑母鴨、燒酒雞、酸辣湯還有花捲。其他餐點也非常令人滿意，其中最喜歡的是七樓遊艇餐廳的布丁，還有滿滿臺灣味的鍋燒魚頭和老乾媽辣椒醬。不過美中不足的是，蔬菜供應的種類比較少，我想，可能是因為在南極要吃到新鮮蔬菜並不是這麼容易的關係吧！

最後一天下船，從烏斯懷亞搭飛機回布宜諾斯艾利斯，更是貼心安排了臺灣傳統的辦桌。沒想過在異國也能吃到家鄉味，可以感覺到元本旅遊滿滿的用心，讓人覺得賓至如歸。

回憶整趟旅程，想起自己在南極看到的阿德利企鵝、帽帶企鵝、巴布亞企鵝、海豹、座頭鯨、南極小鬚鯨、信天翁、海燕、磷蝦等等，許多之前未曾見過的生物；企鵝搖搖晃晃、努力前行的模樣逗趣可愛，我還特別帶回一些企鵝的填充玩具送給家中親戚的小孩，也買了一個有南極貼布的後背包當作自己的紀念品。

企鵝行走的樣子令人著迷。

除此之外，我還拍了許多照片，幾乎每個景點都有拿出手機拍照，希望能記錄下眼前的美景，拍照的時候心情非常雀躍、興奮，只怕一個閃神錯過了拍照機會。雖然已經盡可能地拍了許多，但回到船上檢查自己的照片時，仍會忍不住懊惱地想著，剛才怎麼不多拍一些呢？但我內心深處也明白，再多的照片也難以完全復刻我親眼見證這些景象時的震撼與感動。

這次來到南極，讓我深刻體會到什麼叫「讀萬卷書不如行萬里路」。在親眼看到雪白壯麗的冰山時，我深刻感受到人類的渺小。世界之大，若不把握機會多走走看看，豈不虛擲了光陰，浪費了生命嗎？下一次，我還想再度來到這片美麗的雪白之境，造訪南喬治亞島（想再看看可愛的企鵝們）、巴塔哥尼亞，以及阿根廷火地島；也想到加拉巴哥群島、復活節島、巴爾幹半島等其他尚未踏足過的土地。

我所嚮往的那片極寒之境。

原本只是一趟單純的圓夢之旅，卻在旅途中收穫許多意外之喜，讓我克服了自己的恐懼，感覺棒極了！我開始相信自己是最好的，獨一無二的！只要有心，沒有什麼困難解決不了，也讓我擁有更多有氣與自信，盡情享受自己的人生！

郭春和的夢想清單

蜀道難？還是南極難？

KIRIKOU

是「嘰哩咕」不是「嘰哩咕嚕」哦！一個普通安逸的小鎮醫師，對世界充滿了好奇，還好尚未殺死過任何一隻貓，倒是殺死了不少撲滿。自以為上輩子是阿根廷人，卻年過花甲才第一次踏上南美大陸。不過我相信：相見恨晚，但猶未遲！

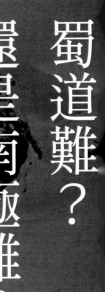

這亮麗而壯闊的天地，莫非是天堂的入口？
就算日後與人談起，未必能有相同的共鳴吧！
我與南極多了一分的親密。
那是我的滄海，也是我的巫山雲。

抓住探險的契機

我是一個對世界各國充滿好奇的人，能讓我眼睛為之一亮的「通關密語」只有兩個：南極與巴塔哥尼亞。但凡誰去過這兩個地方，必能得到我崇拜的眼神。同時，我也是一個對動物世界充滿好奇的人，但能使我心動的密碼也只有兩個：鯨魚與獵豹。其中，同時具有兩種密碼，能追尋到鯨魚身影的南極，可是我心目中數一數二想去的地方！

當有人問起此行的目的地，我總是戲稱要去南部旅行。如果把地球比喻成臺灣，去南極不就像去墾丁一樣嗎？然而實際上，去南極可比去臺灣南部困難太多太多了。

一八二一年，人類開始登陸南極洲，過了九十年後，羅阿爾．阿蒙森才終於踏上南極點。他與羅伯特．史考特兩個探險隊競逐征服南極點的故事，可說是那個年代口耳相傳的傳奇，更是南極探險史上令人感到悲傷的史詩。之後，拜更多探險家前仆後繼的努力，南極的面貌在人類的認知中變得越來越清晰，也讓人越加渴望親近這塊極南之地。

一九六六年，全球開始有了定期出團的南極商業旅行團。時至今日，每年都有數萬人圓了南極旅行的夢。即便行程多半是蜻蜓點水，前往南極的獨特性就像鐵粉握到超級巨星的手一樣，令人嚮往。對許多人而言，南極旅行如一期一會般珍貴。對南極朝思暮想許久的我，過了耳順之年，豈能不抓住拜訪南極的機會？

蜀道難？還是南極難？俗話說：蜀道難，難於上青天。南極難，則是上了青天，還得下青天，上上下下來回數百次……前往南極的飛行時數頗長，我們一行人困在飛機上的小空間數十小時。登上郵輪後，又得在令人心生畏懼、想打退堂鼓的德瑞克海峽顛簸數十小時。長途跋涉數千里，可真是一趟不容易的旅程。

我想，過去的南極應該更難到達吧！現在能依靠旅行社安排的航班和郵輪，已經容易非常多了。雖然不免得感到疲憊，但回想起來，這一切都是值得的。

烏斯懷亞，距離南極約一千多公里，距離東京則有一萬七千多公里，這裡被稱作世界的盡頭，卻也是前往南極的起點。

這裡，以前是阿根廷重刑犯的流放之地，現在則是來往南極旅客的集散地。這裡，以前有一張張絕望但渴求自由的臉，現在則有一雙雙興奮不安、準備迎向未知極地的眼。

二〇二四年十二月十九日，如果正在閱讀本書的你那時也在烏斯懷亞，應該可以看見我那雙灼熱、但有些疲憊的眼神。我呢，正盯著數艘停泊在港口，準備出航的船隻。其中一艘船身黑白相襯，有著優雅的摩登流線，既美麗又帥氣的，便是此行載著許多夢想出發的日月合朔號。

我在烏斯懷亞。

極寒之地的第一次

如果每個人都有一個夢想，兩百個人則有兩百個夢想。同「船」異夢並不少見，但在這裡聽到的夢話都說著華語，甚至講臺語嘛ㄟ通，未免也太神奇了！這可是臺灣首創南極包船的郵輪，載著一整船的臺灣人，前往未知的無人淨土——南極。創造這份神奇的，就是樸實無華、行事低調的元本旅遊游國珍董事長，據他所言，在這趟旅程啟航前，曾經前往南極的臺灣人大約只有兩千人。我們一出發，人數就馬上提升百分之十了呢！

告別了遠山的殘雪，告別了烏斯懷亞多彩的街景。一行人搭上極為年輕、二〇二三年四月第一次下水的日月合朔號。在天光猶亮的黃昏，船駛進了比格爾海峽，開始前往南極。日月合朔號以驚人的飛快節奏，把許多探險船都拋在身後。午夜之後，便進入了波濤洶湧的德瑞克海峽。

此時，大部分的團員都早已回房歇息，吧檯前只剩小貓兩、三

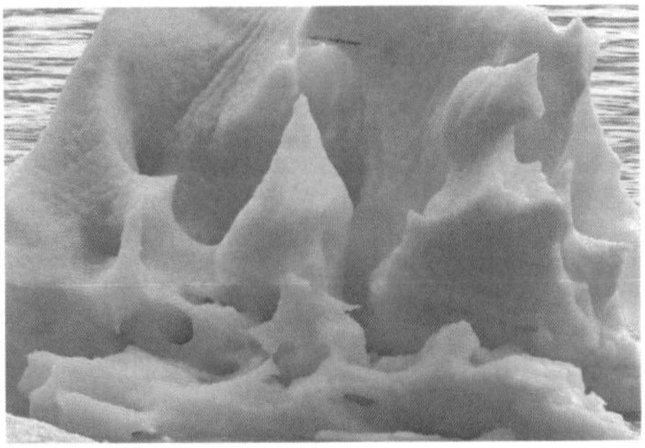

壯觀的冰山。（林清華／攝）

隻。我多貪了兩杯威士忌，沒有如趕著午夜鐘響的灰姑娘那般回到房間，隔天所付出的代價則是被懲罰扮演一整天的睡美人。就算想從床上掙扎起身，一陣暈眩襲向我，不得不回床上躺平睡死。

待我悠悠醒來，已是第三天的早晨，我們的船也迎來第一座冰山，最初的總是最美，即便後來遇見再多更壯觀的冰山群，我始終記得那第一座神似龍貓公車的冰山。

在南半球夏至之前，我們這艘輕舟已經過千山萬水，進入南極圈，據說這是同天數旅程的郵輪創舉。正在看著本書的你，那時應該在臺灣日照最短的冬至，吃著熱呼呼的湯圓。在南半球的我們，則是在日照最長的夏至吃著婚禮的喜糖。因南極圈以內的太陽不會落下，基於此意義，元本旅遊在郵輪上為四對新人辦了愛如永晝的婚禮，看著他們說起誓約，話語間流露的真摯情感。我想這份情誼，一定堅定得連德瑞克海峽的大風大浪都動搖不了吧！

同一天，遊艇也開始了登陸與巡航的活動。第一天，我們的收穫有：一隻站在遙遠處巴巴望著我們的企鵝、一隻懶洋洋的海豹，還有一隻沒有露臉的小鬚鯨。雖說不怎麼豐富，但我們這群南極鄉巴佬還是引頸圍觀，驚呼連連。

雖說身處永晝南極圈內，但陽光不露臉的日子，不論天空或海水都灰濛濛的一片。除了少數密度高的冰山自帶蔚藍光芒外，多數冰山浮冰看來都是灰中帶白的樣貌，彷彿走入杉本博司藝術中灰階的世界，心裡也沾了點灰。該不會接下來都是這樣的天？我沒有底氣地問了船上的工作人員，才知道原來灰階是南極的日常。這麼

懶洋洋的海豹。（林清華／攝）

一說，那該不會真的見不到藍天了吧？還好，藍天只是遲到，並沒有缺席。往後的幾天，日日都可見到藍色的天空。在萬里無雲的藍天加持下，屢屢出現讓眼睛出汗的壯麗景色。我的心已不再灰暗，旅程則是如倒吃甘蔗般，漸入佳境。

這趟旅程，我迎來了許許多多的第一次：第一次登上南極大陸、第一次在南冰洋划獨木舟、第一次在南極過聖誕節、第一次搭上直升機巡航、第一次立槳、第一次在南極海域跳水……每個人或多或少都蒐集了幾個屬於自己的第一次，連日月合朔號也創下了很多第一次的紀錄，如第一次跨過南極圈、第一次與姐妹船在南極合體等等。這一切的第一次，都緣自元本旅遊游董事長第一次的大膽包船前往南極。他不是亞歷山大，而是壓力山大，最初的他深怕口碑不如預期，直到回程時開了北極包船的說明會，獲得超出預期的回購率，我才看見他的肩膀稍微放鬆了一點。

南極的藍天雖遲但到。

灰濛濛的冰之世界。

美麗的勒梅爾海峽。

燦爛耀眼的極地

勒梅爾海峽位於南極半島與布斯島之間，是個狹長型海峽，一八七四年被德國探險家發現，直到一八九八年比利時探險隊才首次穿越。此後，這段風景優美的水路，已是南極旅遊的必訪經典行程，因為能夠謀殺不少底片，而被戲稱「Kodak Gap」。我們經過的時候約莫是晚上八、九點，天光猶亮，浮冰散落在平靜如湖的海面上。近處厚厚的雲透著微藍的光，黑色的懸崖襯著白雪倒映水面。在海峽盡頭的水面逐漸變得寬闊，雲層豁然開朗。陽光映照在層疊的白色山峰，渾然天成，純淨如鏡。獨站船頭的我，眼前的美景可真是目不暇給。我宛若走進桃花源的武陵人，深怕日後找不到回到這裡的路，貪婪地想把這一切盡收心底，一輩子都不想忘懷。

當下我的心情非常激動，這亮麗而壯闊的天地，莫非是天堂的入口？就算日後與人談起，未必能有相同的共鳴吧！我很慶幸，我與南極，因為勒梅爾海峽的景緻，多了一分的親密。那是我的滄海，也是我的巫山雲。

南極的美當然不僅於此，同一天下午，船隻在亞勒群島附近海域巡航。我們被安排登上直升機，從鳥的角度看著繽紛美麗的極地世界。遍布著大小冰山的水面，在陽光下閃閃發亮，燦爛耀眼，就像碎了一海的水晶。天氣很好，雲層之上，只露出覆上白雪的山峰，彷佛漂浮在湖面上的冰山，而沒有完全覆蓋的山，就像灑了大量糖霜的布朗尼蛋糕，在藍天的襯托下，甚是好看。

更美的是，有些雪已經壓縮到反射出藍色的紋路，像鑲了藍色條紋的白瓷。冰川推擠出不同縫隙的鋸齒紋路，鳥瞰下，就像凝固的波浪般一直延伸到海邊。在這三十分鐘的行程裡，我們搭著直升機，時而破雲而出，時而貼著山壁拉升，雖沒有見到座頭鯨躍出水面，或冰山崩落的奇景。但在高空欣賞的連環美景，仍然令人讚嘆不已，是我高度推薦的自費行程。

雖說是鳥的視野，這裡的鳥通常並不需要飛太高。在陸地上，牠們偷襲企

可愛的巴布亞企鵝。（林清華／攝）

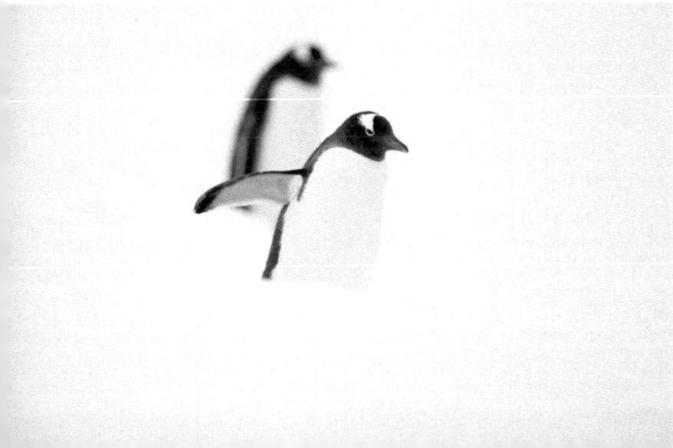

晶瑩透亮的雪地。

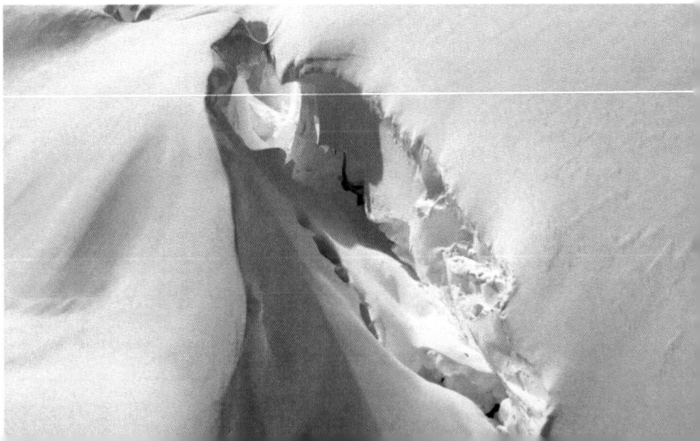

鵝下的蛋，在海上，則是跟著鯨魚捕食漏網之魚。一般的高度就足以維生。據說海鳥也會群聚攻擊鯨魚，我曾在午夜的陽臺上，見到鯨魚噴氣時，海鳥成群，此起彼落，像是水花四濺的奇景，不知是在攻擊鯨魚還是圍捕漏網之魚。

說到企鵝，可說是無人不被牠們的呆萌模樣迷倒，阿德利企鵝似乎比較膽小，常常群聚到岸邊，左顧右盼地思考著要不要跳水。有時還會偷偷推同伴一把。我們像太監般，等了足足兩到三分鐘，牠們還是像皇帝一樣不急不徐，等著領頭鵝跳水，其實牠們的猶豫不決，不是沒有道理的，畢竟海豹可能就在旁邊虎視眈眈，為了群體的安全，必須小心再三。

相對地，此行最常見到的巴布亞企鵝家族則完全相反。他們游得快，游得遠，跳水就像下餃子。他們群泳跳躍的活潑模樣，如同整齊劃一的水上芭蕾舞者。彼得曼島上定居了相當多的巴布亞企鵝，島上的企鵝公路交錯複雜，我們得小心翼翼地避開，並遵守保持五公尺距離的守則。牠們來來往往，極為忙碌，但又像串門子一樣，呼朋引伴，一同前往下一個目的地。有的不

長得帥氣十足，像白金漢宮守衛的南極企鵝。（林清華／攝）

走公路，便容易仆街，走兩步，跌一跤，把我們逗得開心極了。我想在島上，不管你的年紀多大，每個人都可以找到自己的童心。

就像前面提到的，鯨魚也是我的重點觀察動物之一。以前在夏威夷尋鯨，曾見過座頭鯨躍出海面、翻身擊水的壯觀景象。這種躍浪的行為，可以是社交、求偶、嬉戲，甚至可以去除身上的寄生蟲與藤壺。不過此行我們僅遠遠見到一次躍浪，多半僅露頭浮窺、換氣噴水，或是舉尾下潛的動作。我想也許正好遇到育兒的季節，牠們比較低調吧！鯨魚活動最活躍的地方是福尼爾灣，坐衝鋒艇巡遊的同伴們，幾乎都近距離見到露頭浮窺的畫面，興奮不已。與此同時，我參加了立槳的活動，雖無震撼的近距離接觸，但遠觀幾對鯨魚母子同行悠游，彼此唱歌應答的場景，也是療癒不已。

最先開啟我對鯨魚好奇的，是一張記錄鯨魚歌聲的CD。以前睡不安穩時，總是當做催眠曲來聽。對我來說，那就是天籟之音。當我親耳聽見來自鯨魚的歌聲時，過去的感動可說是完全具象化了。那是母親教導孩子的諄諄絮語，又像是幾個母親叨叨聊著育兒經，聽著鯨魚媽媽們的溫柔歌聲，這個海域就像瞬間化為大型的幼兒園，大夥們都見證了座頭鯨的母愛。

味蕾交響曲

這一趟迢迢南極行，可以離船活動的時間僅有五天，其他的時間都在船上活動。為了不讓大家太過無聊，船上有餐廳、圖書室、芳療中心、健身房、酒吧、表演廳等，還有一個戶外的溫水池可以泡湯。有人說，坐過宛如精品的日月合朔，就回不去了，我是從未搭過郵輪的鄉巴佬，第一次就升等頂級，是不是以後都沒辦法搭數千人的郵輪了呢？也許是吧。雖明知羊毛出在羊身上，早已付清了此趟旅程的所有款項，但我仍然十分享受這種幾乎不需額外付費的消費形態，尤其吃喝都不必另外傷腦筋，就以最自然的方式吃遍所有能吃的。感謝幸運之神的眷顧，幾乎所有需要預訂的餐廳我都有訂到，就連需要受邀才可以進入的餐廳 Chef's Table，我也有幸能享受一番。船上各式各樣的菜式，照顧了一個個口味不同的胃，而各式不同的酒精飲料也讓人微醺。我對威士忌情有獨鍾，常在酒吧小飲兩杯，也因此認識了一群朋友，酒吧旁過了九點半以後，會有一個帥氣的歌手 Diego 駐唱，歌聲佳、氣氛美，頗能助興。朋友每晚必點紅髮艾德的〈完美無瑕〉這首歌，聽完以後，才心滿意足地跟眾人道晚安，令人印象深刻。

回航時，依舊需要經過波濤洶湧、令人生畏的德瑞克海峽，在眾朋友的止暈特效良方幫助之下，我們方能安然度過，也因此增加了我再訪南極的信心。此行走一個「精華行程」的路線，還有更多不同種類的企鵝、鯨魚，以及不同的山水地貌值得再訪，隨著船隻越來越接近烏斯懷亞，天色也越來越分明，不夜的天光逐漸轉黑，我知道旅程就要結束了。黎明破曉時，我們即將告別這段精彩的旅程，山水有相逢，我的心情並不悵然若失。因為我知道，我會再回來的！

酒吧目不暇給的酒瓶。（林清華／攝）

臣服於自然之美

凱撒大帝說：我來，我見，我征服。看著那些人去樓空、徒留廢墟的南極小屋，這些前人以為的征服，不過是短暫的占有。正所謂「大江東去，浪淘盡，千古風流人物」、「青山依舊在，幾度夕陽紅」，旅者如我，見過的不過是千萬分之一的南極。那白淨無垠的大地、那漂流在冰洋上鬼斧神鑿的冰山、那飄盪在冷空氣中美妙的鯨之歌……無一不讓人驚嘆敬畏，人何其渺小，除了謙卑，何以應對大自然與人生？

這一課，南極教我的是：我來，我見，我臣服。

謝謝您，南極。等我再回來上您的第二堂課吧！

KIRIKOU 的夢想清單

願南極賜我新生

朱芝華

一九六一年生，六十歲後重新盤點生命裡重要的事情，自我超越是一生的練習。旅行總是啟發我生命的新意義，二十五歲前只知家庭、學校、工作，待出國體驗後，才知世界之大、之美且無奇不有，尤其喜歡去未過度開發的地方，不自我設限，學習在缺水、缺電、缺物質資源時，用最原始單純的生活方式，開心平靜地活出生命力。

不是我征服了南極，而是我被南極所征服！
我決定要悄悄地來，悄悄地走，
不做干擾、破壞這最後一塊淨土的侵略者！

南極探險有多「難」

南極大陸沒有我喜歡的花花草草，或者人文、藝術、美食，要不是好友王德樂夫妻的邀約，我斷不會來這個上帝沒拜訪過的地方——為何這麼說？因為聖經裡沒提到企鵝這種動物。聽了行前說明會後，我心中略感恐慌，不知道會有多冷？會不會暈船？危險指數多高？順利抵達的機率是多少？不確定的因素太多了，真是一大挑戰啊！

我有一個毛病，一入機場便會開始頭暈想睡，這或許是我多年旅遊留下的後遺症，也或許是我靈魂穿越另一個時空的準備動作。這樣也好，我解讀為：我極其適合在世界各處流浪，出機場已睡飽，沒有時差問題。經過了四十小時的搭機、待機、轉機，終於到達阿根廷首都布宜諾斯艾利斯，晚上十一點四十分入住飯店，隔日凌晨四點十五分起床，中午十二點十分抵達烏斯懷亞，這座世界最南端的城市，此處彷彿是一個結界，通往神祕無人居住的南極大陸。

下午五點半在郵輪上，船長、副船長及其他一百七十位工作人員和參加探險的我們，穿著正式且隆重的服飾，喝著香檳，這情景像極了在拍電影，大家都是主角，南極登陸探險的夢想在出航儀式下展開序幕。出發吧！心中默禱著希望一路平順，願一切所見能平過往之不足。

烏斯懷亞的一角。

海上香檳船慶祝聖誕節。

首先面臨的挑戰是德瑞克海峽，這海峽是太平洋、大西洋、南極冰洋交會之處，海象險惡，以多風暴著名。我備足了暈船藥，既來之則安之，想像船行如海盜船，在風雨中破浪前往希望的「黃金島」，結果迎來的卻是兩、三公尺高的浪，我雙腳開開，姿勢不雅地在船艙中行走，三個月前剛動過腰椎手術，正好藉此訓練肌耐力和平衡感，享受如同在母胎羊水裡的搖晃，找尋生命裡最初的原力來源。這風浪沒有原先想的可怕，感謝老天爺給我們好運氣；另一方面，則是因為我們所搭乘的日月合朔號上有完備的科技裝置，能平衡海浪的衝擊。

天氣一天比一天灰濛濛，無色彩的世界，讓我心情跌宕，船艙內響起廣播，打破這無聊氣氛：「船外面正漂過一座冰山，是我們這次南極探險看見的第一座冰山。」第一座冰山，確實意義不凡，大家興致高昂地到甲板、陽臺欣賞拍照。冰山，你是南極大神派來迎接我們的先行大使吧！後續又看見了兩尾迷你小鬚鯨，看來南極不遠了！

南極大神派來一座泛著藍光的冰山，做為迎接我們的大使—這也是我們來到南極看到的第一座冰山！

冰山小知識（一）

南極大陸有地球上最大的冰原，有全球百分之九十的冰量，科學家們持續南極研究氣候，努力防止地球暖化。二〇二三年十二月六日，科學家們報導，一座巨大冰山定名「A23a」，面積四千平方公里，正在漂離南極冰域，提醒世人重視隨著海平面的上升，可能帶來的災難。

冰山小知識（二）

為什麼會有藍色、綠色、紅色的冰山？夏天融雪、冬天結冰，年分淺的冰雪會呈現白色。而當冰雪積年累月被覆蓋，重力將空氣擠壓出後，則形成了晶瑩剔透的千年冰，再受到陽光照射，最容易反射出藍光；而呈現綠色、紅色的冰山，則是因為其中參有特殊礦物質的緣故。

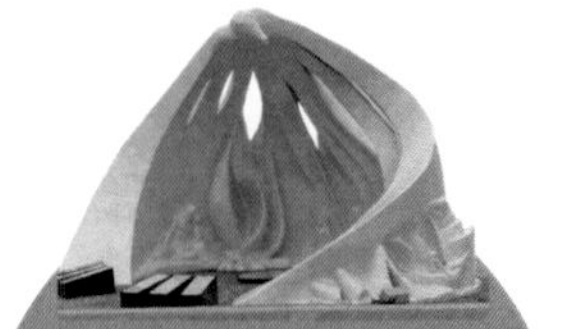

零距離接觸南極大陸

看到墨色的海水，上面綴著點點浮冰，令我想起了五、六〇年代沒有冰箱，夏日裡父親買了一塊仙草，加上碎冰與糖水，七個小孩蹲在樹下，享受清涼的消暑聖品，以後夏天吃仙草冰，也會想起南極這時刻的情景，而且好冷啊！

如果沒有什麼風景可看，那就用心尋找眼睛看不見的。習慣了城市的熱鬧、車水馬龍、空氣污染、燈紅酒綠、熙熙攘攘，為名為利，追逐所謂的成功，卻忘了抬頭看看清朗無際的天空，一生只為

墨色海水加點點浮冰，像極了夏天消暑聖品仙草冰。

紅塵忙，未得浮生閒。來到南極，這億千年無人居住、不屬於任何人或任何國家，自然是一片祥和寧靜——但，真的如此嗎？

遠處突然傳來一陣「轟隆」聲響，是冰山崩落的聲音，朝來源處搜尋，只見一座小冰山緩緩離開原先相連的冰架，像動物離開母體出生；不同的是，小冰山會消失融化而非長大。旁邊的浮冰上，有一隻企鵝呆萌地站在上面，前方陸地有企鵝群居，牠們發出聒噪的聲音，認真看還有企鵝在吵嘴，圓滾滾的小身軀，藉著腳爪站立，左右短鰭一拍一拍、身形搖搖擺擺的可愛模樣，擄獲了大家的目光。牠們一隻一隻排隊，撲通撲通跳下水，真想也化身成一隻企鵝，一同在大海中游泳、覓食、遊戲，偶爾見一、兩隻海豹，慵懶地躺著一動不動，是睡著了嗎？還是吃飽了不想動？旁邊的企鵝似乎沒有危機感，不怕被海豹當美食了嗎？

走路搖擺、模樣可愛的企鵝。（林清華／攝）

隔日，終於踏上了南極大陸，體驗了阿姆斯壯踏上月球那刻的心情，之前為了穿上防水禦寒救生衣等裝備而感受到的艱辛，也在此時獲得了彌補，然而接下來要面對新的挑戰是在冰天雪地裡行走，我腦中瞬間閃過電影《明天過後》中世界急凍的場景，這時我心中想的，只是單純地希望能安全走過這片冰原，途經所謂的「企鵝公路」時，我們保持距離並等了十幾分鐘讓企鵝經過，對於這些「南極的主人」能一生住在這冰天雪地裡，內心充滿了敬意。期間發生一件事，令人永生難忘：好友的腳意外深陷雪中，用了天大的力氣，腳終於得以自鞋中拔出，而鞋靴卻無論如何也拔不出來，周圍的人輪流幫她拔靴子，直到探險隊員用手和工具費了一番功夫才取出，穿上靴子後再出發。這次經驗讓我知道了在雪地裡行走的危險性，那生活在此豈不更艱難呢？還好我只是個過客。

企鵝小知識

綠色和平組織將一月二十日訂為「國際企鵝關注日」，企鵝伴侶在冬天會分開在海上生活，到交配季節重返繁殖地，通過呼叫識別並找回彼此，再行交配繁衍後代。企鵝屬鳥類，但不會飛（企鵝的骨頭不是空心的），不過卻是游泳專家，羽毛緊密排列，皮下有兩、三公分厚的脂肪，令其可在攝氏負六十度的環境下生活。

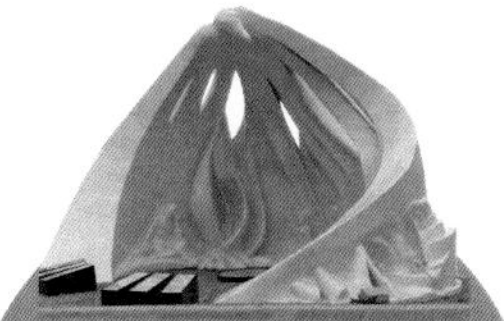

尋鯨記

無數次在夢裡，夢見自己是一尾大海中遊蕩的鯨，在漆黑的夜裡醒來，倍覺孤單寂寞無人理解，思考著為什麼自己是鯨？而不是獅子、羊、老虎、老鷹或孔雀？終於在南極之旅，找到了答案。

那日陰天，灰濛濛的空氣中飄著細雪，讓人感覺寒冷。下午三點搭上衝鋒艇，在福尼爾灣尋找鯨的芳蹤，這時候剛吃完午餐，整個人昏昏欲睡，再加上這樣的天氣，是否注定了要失望而返？心中的小魔鬼不時地在腦中暗示著：「鯨魚怎麼可能在這時候出現，他們應該去睡午覺了，現在出現難道是為了要專程表演給我們看嗎？」而探險員的神情更被我解讀為「此行看到鯨的機會可能性不大」。

出乎意料之外，我們在十二點方向看見了兩隻鯨的三角背鰭在大海裡浮出，幸好有看到一些鯨的身影，稍微緩解了我的想望，心中隨即浮出「會不會今天就只能看到這樣了？」的嘆息，沒想到過了一會兒，一點方向出現兩隻——不，是三隻！哇！一個家族欸，我是在做夢嗎？隨後十點鐘方向又出現兩隻，一會兒左邊，一會兒右邊，顧不得身後的六點鐘方向，此時的我們非常興奮，因為我們正被鯨魚圍繞著！

眼前的鯨魚在大海中露出脊背，成一弧形入海，再揚起大大的尾，畫下完美的句點。又看到兩尾鯨，一前一後，忽而下沉，忽而在海面噴出水柱，那是鯨魚在換氣，發出規律且富有節奏的聲響，我和同伴們也屏氣凝神，欣賞這睥睨海上的霸主英姿。轉瞬之間，畫面凝滯，鯨魚換氣的聲音像穿越時間和空間的鑰匙，像在召喚我，告訴我，我並不孤寂，原來夢裡的鯨魚、夢裡的我，只是生命藍圖裡的一小塊拼

正在噴水柱換氣的兩尾鯨魚。

圖，我的「鯨」彩人生應該放大格局來看待！原來我的同類在南極海，我孤寂的心被療癒了。我知道我不會從此幸福快樂，但在旅途中，依然有令我怦然心動的時刻，那就夠了。

巡航回來，我在遊艇精品店中買了六隻鯨魚揚尾造型的琉璃擺飾，分送同行來的好友們，相信往後日子，見到此物，定會想起此趟南極之旅，在冰冷的極地海域，與鯨相逢時的種種情景和感動。

鯨魚揚尾的琉璃擺飾。

鯨魚小知識

鯨魚不是魚類，牠們是地球上最大的哺乳動物，大鯨魚一生中能從大氣吸收三十三公噸的二氧化碳，將其儲存於體內，如同海中的大樹。他們的排泄物更提供蜉蝣、藻類生長所需的鐵質和氮，幫助蜉蝣和藻類繁殖，而鯨一生的遷徙路徑，為藻類產量加成並擴大生長範圍，能有效地吸收碳，減少大氣中的溫室效應。當鯨魚死後，沉入海底，體內儲存的碳也隨之深藏海底，在不被人侵擾的情況下，能封存數百甚至上千年，有助減緩全球暖化，鯨魚死後的巨大身軀緩慢下沉至海底，成為無數海洋生物的養分來源，科學家稱這過程為「鯨落」，鯨魚如史詩般的一生，是大自然生死有度、和諧平靜的循環。

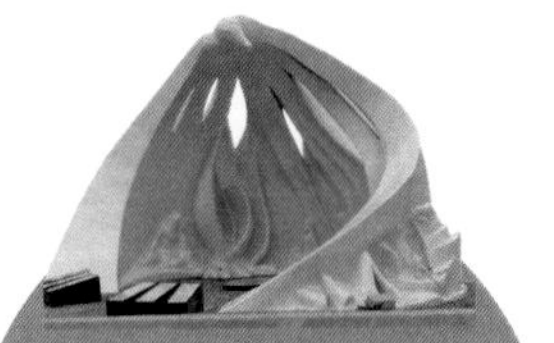

動人的極地婚禮

在行前說明會時，就聽說有四對新人要在此次的南極探險行程舉辦婚禮，有人問：「要不要準備紅包？」另一個人回答：「帶著誠摯喜悅的心送上祝福即可。」並希望我們能備一套正式的服裝參與。為此我確實下了功夫，挑選了一件禮服準備喜宴穿著，這是我的一份執著，覺得越是重要的場合，越要盛裝打扮以示隆重。

行程中，為了滿足我的遊戲心，我默默猜測這些雙人伴侶中，有哪四對是這次的新人，看著兩個人的互動、互相關照的程度，並捕捉灑糖的畫面。「啊！你們是來南極辦婚禮的人嗎？」對方微笑擺手道：「不是。」就算猜錯了也沒關係，畢竟是個美麗的誤會。

即將步入婚姻殿堂的他們，來到遙遠的南極，一路上互相照顧。在典禮臺上，他們穿上嶄新美麗的衣裝，向對方訴說愛的誓言：「因為企鵝是一夫一妻，也象徵著我一心一意，白首不相離的專一感情」、「我們的愛像大海，無邊無際」、「雖然我們的距離遙遠，但我們生活在同一片天空下」……，臺下的我們，不似傳統婚禮中三姑六婆、親朋好友那般交際喧嘩，只是專注地關心著新人們，大方傳遞愛的語言和「一生一世一雙人」的誓詞，主持人小布希好幾次紅了眼眶，看著日月合朔號船長和元本旅遊董事長在結婚證書上的見證人處簽上名字，我的眼眶也微微發紅、發熱，在許多人珍珠般閃耀的淚光中，我們見證了四對新人相守一生的開始。

他們如此用心看待婚姻，不吝於表達心意，並不間斷地訴說愛的語言，樂此不疲地製造生活亮點，相信就算某天南極冰都融化了，也澆不熄這四對新人的熱情。祝福你們永浴愛河！

大家盛裝出席啓航典禮和極地婚禮。

極地婚禮的擺設布置。

挑戰自我不設限！

這次南極之旅，有許多人生第一次的體驗，「第一次」總是令人永難忘懷！

先前為了準備禦寒的衣物，真是煞費苦心，第一天要下船登上衝鋒艇前，終於可以試驗裝備是否齊全，笨手笨腳地穿上厚重的衣褲鞋，到了第五天已駕輕就熟，果然行動力加上練習是邁向成功的第一步。當我登上衝鋒艇時，上面有十個黑衣人，我們乘風疾行，艇尾形成一道浪花軌跡，像《007》電影裡的場景，真是帥氣。在搭衝鋒艇過程中我學會了「水手握」，可用來幫助安全上下艇。涉水登岸、涉水上艇要如何輕易地上下衝鋒艇呢？尤其是個兒不高、穿得像隻胖企鵝、想讓人留下優雅印象的我——於是我學會了對準角度坐下，挪動臀部，收腹、挺胸、昂首，表情故作輕鬆地微笑，雙腿使力，成功！

玩立槳的難度高，我直接放棄了，這麼冷的天，落水可不好受；玩獨木舟，內心有些掙扎，但想頂多就是停滯不前，等人來救援，結果在教練的厲害指導下，和同舟的隊友很順利地前進，輕輕鬆鬆地在浮冰飄過的南極海上，我放下心中的恐懼，唱起輕快的歌謠。我們在南極海上划著獨木舟，享受心靈與大自然的連結，感謝大自然啟發我內心的力量，讓我看見勇敢。

南極跳水活動讓我猶豫不決，雖想著機會難得，但「恐懼」的黑暗情緒仍鋪天蓋地地向我侵襲而來。在同行夥伴的循循善誘、分析利害得失、強力鼓舞之下，同行中有五位夥伴決心一起下海，果然團體的力量可以使人成長，而找到神隊友更是人生之幸事。我在出發前由於脊椎手術種種因素，已經重了五公斤，所以無法穿連身的泳衣，

刺激的衝鋒艇體驗！

只好選擇了比基尼，平時總要顧及身邊的文化價值觀，不敢做出會令人議論的行為，所以比基尼泳衣只能穿給自己看；而這次的南極旅行中，因為多是初相識的人，我終於可以釋放冰山底層的自己，喝喝小酒發發瘋，包括穿比基尼泳衣，實在太暢快了！

到了要跳海的時刻，會游泳的人在右邊，不會游泳的則集合到左邊穿救生衣。面對恐懼這件事，我有句銘言「早死早超生」，莫讓恐懼的心有時間越長越大。很快便輪到我了，只見工作人員眉頭深鎖，畢竟要面對不會游泳的我們，大概是擔心不知道會發生什麼事吧？我故作鎮定，心裡數「一——二——三——」，我深吸一口氣，跳——放空——無我，大概過了三秒鐘之後，我就浮出水面了。

曾經的我非常怕水，試過拿著臉盆將頭埋進水裡，希望能藉此克服溺水的恐懼，但是沒成功；直到四十歲，小孩求學過程要學會游泳，為母則強，伴著小孩一起下水，雖然最終還是沒學會，倒也懂了玩水的樂趣，參與南極探險的種種活動，是我一次一次超越自我的練習，《水世界》、《少年Pi的奇幻漂流》、《鐵達尼號》……這些電影裡的情節常閃過我的眼前，沒有陸地的生活、少年與老虎同在船上求生的日子、人類面對死亡的態度；或是文學作品，如《老

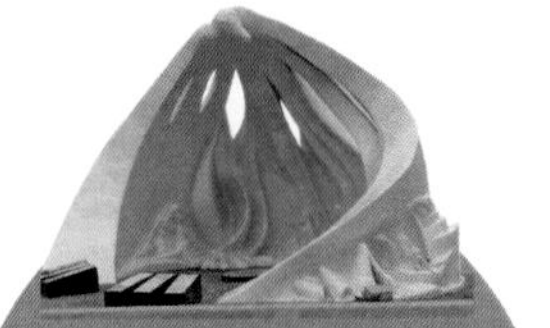

夢中的南極

人與海》或《天地一沙鷗》之中所要傳達的意義，都在這裡找到了答案。

我於二〇二三年十二月十七日出發往南極，這是我第一次搭乘郵輪，享受不用每日搬行李、換飯店的輕鬆旅行。短短十七天裡，我迎接了各種不同的驚喜，遠比過去一整年收到的喜悅還要更多。海上香檳船慶祝聖誕節，返回房間看見床上的薑餅巧克力；極地婚禮布置、同伴的慶生活動、巡航回來的熱薑茶、飛機上的跨年倒數……，返家後的兩個星期我仍時常自睡夢中醒來，一瞬間都會誤以為自己還在郵輪上，期待著不知道今天要去海上做什麼活動呢？想念所有在旅途中認識的新朋友和工作人員，並接著整理南極活動的點滴，關注南極的新聞、生態知識。

我們在南極登陸拜訪為期五日，看盡各式巧奪天工的冰山，遠觀企鵝、鯨魚、海鳥、海豹等動物的仙居之處，被自然景觀生態深深感動。不是我征服了南極，而是我被南極所征服！我決定要悄悄地來，悄悄地走，不做干擾、破壞這最後一塊淨土的侵略者！若今生結束獲來世重生，我願來南極當一尾守護地球的鯨魚，直到「一鯨落、萬物生」……。

聖誕節返回房間，驚喜看見床上的薑餅和巧克力！

朱芝華的夢想清單

人生，勿留遺憾

KEKE

我與 **Mimi** 是姐妹，雖然在同一個非常平凡的家庭長大，但個性及人生規劃大大不同。從小的家庭成長環境與經驗，造就我們努力又負責任的性格。

我是個築夢踏實的人，在還沒有達到人生目標前，我從來不覺得自己可以，但當我在前幾年實現月薪五萬的目標後，我確信我辦得到。一路走來要感恩的人很多，也理解了上天的多重考驗，每個挫折及安排都有其意義，只是時機尚未成熟。最後想告訴所有人，除了目標設定外，最重要的事是：有捨才有得，只要是對的，勇往直前「做」就對了！

人生可以活多久、我們不知道，
總該不留遺憾。

考量未來發展及專業性，我與國中好友 Jean 一起踏入護理工作，但日夜顛倒及負荷大的工作讓我產生轉職念頭。後聽好友 Freda 建議決定挑戰公職，放棄了相對高薪的臨床工作改到診所上班，邊工作邊唸書考試，開始了漫長十年「取捨及堅苦」之路，也感謝 Ada 及亦師亦友的 Apple 老師一路陪伴。

我不聰明，也清楚自己的能耐，所以目標是「先求有再求好」，甚至插大法律系。中途因家人生病，同時兼顧上班、上大學、往返醫院。在錄取四等考試後，我立馬再定下一個三等考試目標，前幾年終於如願考上。

這些經歷讓我一直深信有捨才有得，至交好友身邊人的突然離世，更讓我深刻體會到生命的無常，珍惜當下和及時行樂的重要性。人生可以活多久我們不知道，總該不留遺憾。

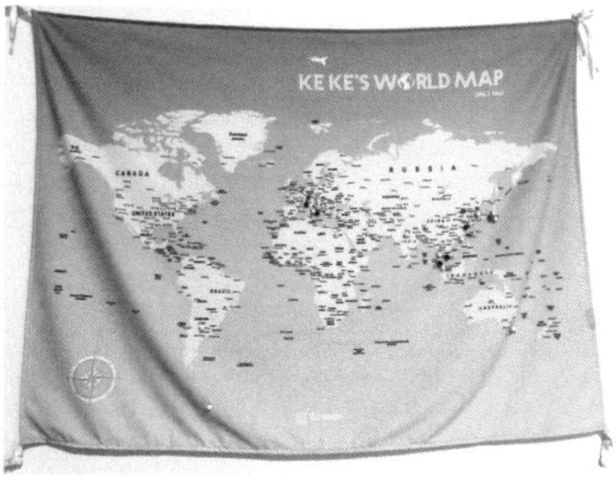

我的夢想地圖。

就奢侈到底吧！

我的朋友也愛出國，但南極從未是他們現階段的選項，甚至沒有想過。當我邀約大家是否有興趣一起去時，大家望之卻步，同樣的花費總額，大多數人更願意分數次出國，但要一次拿出這麼多錢，就算想去也是無安全感的。

我是個務實的人，受Freda影響，去的都得是特別的景點，時間及經濟有限下，盡量不去重複的國家。在我原本的規劃裡，二〇一三年去德瑞、二〇一四年去土耳其、二〇一五年去蘇杭、二〇一六年去埃及、二〇一七年去義瑞、二〇一八年去西藏、二〇一九年去印度加日本，接下來要去沒跨越過的美洲秘魯，因為其景點豐富性，還一定要去亞馬遜雨林，接著才是世界第五大洲南極。然受疫情及氣候變遷、天災影響，決定並挑戰現階段對我而言最貴的行程，畢竟是將近一臺車的錢啊！

南極之旅，一個未鄰任何洲、沒有永久居民、不屬於任何國家的南極。每次跟團都會專業地做表格比較各家行程優劣的我，這次當然也是如此，除天數是考量之一，擔心行程都是一成不變的白色雪景，或對極圈動物沒這麼有興趣，就沒考慮南極三島行程，再來分析費用、船型、設備、上島次數、景點等，既然都要花這麼多錢了，就奢華到底吧！因為這可能是我人生最奢侈的一次！

最奢侈行程，要開始啦！

前往南極

前往南極必經之路——德瑞克海峽，屬於南冰洋的一部分，連接大西洋和太平洋，為世界最寬的海峽，是南極洲與其他大陸之間通行最短的距離，位於「尖叫六十度」，屬於次南極疆域，以多風暴著名，一整年的海象都相當惡劣，是全世界最危險的航道之一。名符其實，沒騙人！我們的船搖晃到不行，設備也會發出聲響，不論是上下還是左右，晃到像地震一樣。從未暈船的我，在第二天坐著聽講座時便覺得胃脹脹的，沒想到一站起來嘔吐感就湧上來，當我奔到劇院外時就來不及全吐了！多虧林姐貼心備藥，加上管家一知我們不舒服，就立刻準備薑汁汽水給我們。後來網路搜索才知道《本草綱目》中記載「薑」有止嘔作用，「生薑」被中醫視為「嘔家聖藥」，有溫中、散寒、和胃、止嘔、化痰等作用，也難怪我們在郵輪上許多餐點都有薑的味道，甚至是早餐果汁都有加入，這海峽果然百聞不如一見！

進入南極圈後，我們本來有一個行程是登陸活動，惟天氣不佳而改成衝鋒艇巡遊，但也令人興奮不已。探險員表示一般十天行程是不會到這麼遠的地方來，也才得知南極熱門登陸點也是像演唱會一樣要搶票呢！

不過登陸跟衝鋒艇還是不太一樣的體驗，因為踏上南極大陸，親臨現場感受跟看電視真的不同。我還有趣地發現大家為了不放棄登陸及巡遊的機會，即使有預約其他活動，也會偷渡別人的組別，盡可能地參與，從此就知道南極一趟有多麼值得了！

有一天我們組被排在最後一批登陸，本次行程是要登山，預計一小時回來，但又沒有登山杖，只好等上一批的人下山後提供。因此我們拿到登山杖後必須在四十分鐘內直衝登頂，然而辛苦是值得的，第一次雪地健行體驗非常成功，雖然沒能好好欣賞風景，可是人生本來就可能留有遺憾，才會有下一次機會！那天下午的巡遊活動也是非常精彩，近距離拍到超大座頭鯨！最後船長特別服務，在海上提供我們每一艘艇喝香檳，真有創意，讓我們賓至如歸。

巡遊小驚喜！

前往南極！

航程中遇到姐妹船，真是特別的緣分！

郵輪上笑聲不間斷

郵輪上大多的設施體驗都需要預約，而預約成功的賓客會在前一晚收到該活動的邀請函。船公司真的非常用心，對我們而言只是簡單一封信，但他們卻要服務近兩百位客人。

我喜歡體驗刺激的活動，趁自己身體還健康，一定不放過任何可以玩的機會。所以我們想當然預約了立槳體驗，但一直未收到邀請函。二十三日那天得知立槳有名額立馬報名參加。穿戴好裝備，拿上槳板，從郵輪上入水的瞬間，我不禁心潮澎湃：天啊！我正身處南冰洋內！途中更是聽到「轟」的一聲，大家都屏住呼吸不敢亂動，那是冰山崩落，一瞬間，海平面的波動襲來，這是大自然最單純而又震撼的力量。

之後，立槳教練竟也玩起倒立瑜珈動作，平衡感不錯的我當然也想試一下，挑戰「樹式」不成功而小跌倒，但我非常厲害沒落水！接著再挑戰「手腳離地式」，成功！也有些人平衡不好，

什麼是立式槳板運動？

它起源於夏威夷，是一種以站姿划槳前進的運動，由類似於大型沖浪板的「槳板」，加上一支高於身高的「單槳」組合而成。

意外落水，我則是自願落水，畢竟都來了，一定要嘗試下水感受南極洋的寒冷，但防寒衣十分厲害，完全不會冷呢！

第一個收到邀請函的活動則是體驗搭乘直升機，不過直升機受氣候影響很大，我們等到第三批才飛。在直升機上與在水平面看冰山的感受真的不同，由上而下的俯視，駕駛員也會以不同的飛行角度讓左右兩邊的人都看得到景色，那是無法形容的瑰麗！雖然每一批的飛行時長只有三十分鐘，但真的值回票價！

另一個收到邀請函的活動則是獨木舟體驗，獨木舟有別於立槳，兩人一組，考驗默契，不需分心平衡，而可以靠近看著冰山、海豹、企鵝就在你身旁。元本也很用心，獨木舟名額不多，據知在最後一天他們也盡力安排想參加的客人都能參與到。

第一次挑戰立槳就成功！

好期待直升機之行！

在直升機上！

我排行老三，這次南極之旅更似乎與「三」特別有緣：直升機座位是三，就連與同一個服務生都鬧了三次笑話——事情是這樣的，我跟 Mini 以及另外兩位團員吳哥和林姐經常一起相約在五樓的咖啡廳吃飯。我們英文都不太好，因此當服務員來為我們點餐時，我隨便聽隨便答的下場就是來了三份漢堡，大家笑聲不斷。第二次我們再去咖啡廳，碰巧又遇上同一位服務員，她讓我們嘗試了三種沙拉口味，我們決定先來一盤，但服務員又貼心詢問了不知道什麼，我又隨便聽隨便答，下場是又來了三份一樣口味的沙拉，大家笑到不行！第三次我們想著：事不過三吧！我卻再次遇見同一個服務人員，這次點餐時，我們比手畫腳地表示漢堡要切四等份，本想著總算成功了，但義大利麵竟然來了四份，又是隨便聽隨便說好的下場，大家笑死了！同是團員的另一對姐妹檔聽了我們的故

姐妹的默契是很好的！

要去體驗獨木舟啦！

事，都不敢點義大利麵了呢！

順帶一提，這間位在五樓的咖啡廳是我在整艘郵輪上最愛的餐廳，裡面有賣美式漢堡、薯條、披薩及義大利麵，是我覺得最符合臺灣口味且好吃的美食。也因此我們經常光顧這間店，在這兒鬧出的笑話也是最多的！

除了這些外，郵輪早上七點的瑜珈、九點的皮拉提斯、下午四點的TRX等課程是固定時間段，其餘時間則開放個人使用。我和Mini扣除上、下午不可抗力的行程外，不放棄任何上課的機會來放鬆自己。每當我們到戶外活動完，都會立馬去使用三溫暖等設施，溫暖身體，真的是人生一大享受啊！可能是因為這樣，搭乘郵輪期間，我們的身體大多健壯。

郵輪的六樓及十樓分別有小泳池可以泡，大伙兒愛玩，當然冰山前配美酒是一定要的，但我又不喝酒，於是便拿出壓箱寶「來一客」，冰山配泡麵！

最後一天的最後時刻，我們等待著下午五點的跳水體驗，我們衝在前面，接在元本旅遊的游董事後面。入水的瞬間雖然身體很冷，但心是熱的，腦袋一片空白，感覺待在水裡面很久、四周很黑，然而實際上其實只有幾秒鐘的時間。最後還有收到跳水的證書，看到翻譯我們都大笑起來：南極極地暴跌～心甘跳入南極洲冰冷的極地水域！

泳池內的家鄉味！

不虛此行，因為有你們

南極旅行大多郵輪為之，原先對郵輪沒興趣，但這次真的是翻轉我的想像。身為小資一族，需要存很久的錢才可以到南極來，有時不免羨慕有錢人，不過我也很快轉念，光鮮亮麗的背後或許也有不同的故事及辛勞，人要懂得知足常樂，我們也是很幸福的。過程中，我們不放棄任何活動、課程、體驗的機會，讓我們更覺得一切值得了！

在我們享受的當下，很多幕後團隊辛苦付出，旅客與服務人員幾乎一比一的比例，尤其我和Mimi的房間離三樓下船出口處很近，經常看到探險員已早早出發要去探勘，為我們開路，活動結束，他們也是最後一個離開。我印象最深刻的是，最後一天登島很冷，路也還沒開挖好，探險員開玩笑說發熱的方式就是鏟雪，但這也是身為探險員的福利。十分感謝有他們！

因為是包船，多數是臺灣人，隨處可聽到臺灣話，也可以擁有更多客製服務，如中英文對照的菜單、邀請函，還有亞洲餐廳播放的中文歌曲，早餐還可以看到油條、茶葉蛋、肉排、粥，午餐有砂鍋魚頭、排骨湯、薑母鴨、羹類、辣椒等等，為之驚喜啊！每間餐廳的菜單也不是一成不變，幾乎兩天換一次，不會讓我們吃膩，反而會有選擇障礙，幾次吃飯前都要先確認餐廳菜色才進入餐廳，因為太多選項了！元本旅遊還在其中一天為我們用心準備了龍蝦帝王蟹大餐，太享受了！

我們還參加了講座活動，我印象最深刻的是南極地理史講座，原來南極分東西極，跨越南極圈即是永晝永夜的劃分！也才知道極光是相機拍出來的，人的肉眼是無法看清楚的！另外也了解到南極的冰山是由累積過百萬年的積雪擠壓成冰，並將內部空氣排走，其密度非常巨大，當光線穿過緻密的冰時會被散射、吸收，正因如此，南極年老冰山會比北極年輕冰山更加蔚藍！甚至船上的講座活動全程均有中文翻譯，還請了四個中文探險員，可見其用心。在南極舉辦的日不落婚禮有許多細節可以看出元本旅遊的用心；平安夜晚會，探險員 Noniko 的故事更是吸引人，一向不喜歡參加文藝活動的我們，竟也能從頭坐到尾，就能知道探險員故事的魅力；最後一天的旅程回顧影片，元本可以在船上完成剪輯，可見大家的專業及效率，也令人感動。

不虛此行，因為有你們。

這趟旅程中很慶幸遇到團員們，吳哥及林姐夫妻檔默契十足，分享照相技巧、保暖衣物選擇、旅遊觀並貼心提供暈眩藥、機上神器，分享力量大，收穫滿滿，加上同鄉更多話題，一同懷念小時候的生活點滴；張姐則是溫暖貼心，勇於一個人出遊，是我與 Mini 尚未挑戰成功的旅行方式，談天中彼此分享退休後的規劃，更是我佩服的對象；團員裡的姐妹檔及兄弟檔也分享著人生故事，對家庭旅遊的想法；更特別感謝 Greg Wu 不時充當衝鋒艇的翻譯官。

短短十幾天的相處，一起度過的場景歷歷在目，很高興能認識這些朋友，也很感謝元本旅遊以及船公司的用心安排，讓我們不虛此行。

KEKE 的夢想清單

如夢似幻的極南之旅

二十歲後賣了十八年的音響，三十八歲後改行賣IC到現在，不知不覺又經過了十六年。

喜歡中國，二〇一五年走完中國的每一個省；二〇二三年初去了北極，年尾又遠征南極。

目前為止運氣算不錯，遇到很多蠻好的人事物，是個正在尋找人生下一個目標的電子業務。

再多文字也無法精確且完整描述南極的美，
就算親眼目睹，仍然好似一場夢境。
從今以後，我可以驕傲地說：
「二〇二三年初，我到北極看極光，
二〇二三年末，我到南極看企鵝！」

浪漫的極地嚮往

我是個很愛旅行、但又有長途飛行恐懼症的人，能忍受的最長飛行時間大約不到二十小時。因此到地球最南端的「南極」旅行這種事，不只從未出現在我的計畫清單中，也從沒想過踏上這個極其遙遠的大陸。

記得七年前跟女友的第一次約會，我問她：「妳的夢想是什麼？」她馬上不假思索地回答：「看極光！」當時對極光沒有興趣的我有點驚訝，原來這對很多女孩子來說是一種浪漫。兩年後我帶她去冰島，想幫她實現這個願望，可惜最後沒有看到。我們第一次的追光之旅雖然很甜蜜，但徒留了一點點遺憾。

後來一宣布疫情解封，我的旅遊魂馬上就燃燒起來，決定先來完成女友的極光夢想，為女友的極光夢安排一連串行程。某天，我的螢幕跳出元本旅遊的網站……

參加說明會時，元本旅遊董事長游國珍先生說：「到南極除了需要有錢、有閒，還要有健康的身體。更重要的是一股行動力，現在不去，以後也不會去了！」我深深被這句話所打動，更成為了我願意克服長途飛行恐懼症的契機。說明會結束後，我們就下訂了這趟南極之旅。

當時的我們對南極的印象很單純：冷到不行的氣候和一堆看不完的冰山。雖然好像沒什麼特別的，但還是期待著出發的日子到來，並且真正掀開腦海中對南極那塊神祕又夢幻的面紗。

帆布資料袋和金屬製行李吊牌。

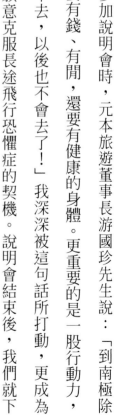

郵輪上的尊榮體驗

「日月合朔號」是二〇二三年四月才首度下水的六星級豪華探險船，配備高科技穩定儀，大幅增加穩定和舒適度。

雖然這是一艘最新、最豪華、最高科技又最環保的極地探險船，但從外型到內裝都充滿典雅的設計感；然而最令人無法自拔的，是船上工作人員們所提供的六星級尊榮服務，不只是房間的管家和清潔人員，連餐廳裡的每位服務生都讓我們備感呵護和寵愛。

我們的管家是來自斯里蘭卡的Minty，當我詢問他的名字時，他為了讓我方便記憶，說他的名字就是薄荷茶（Mint tea）。我們最常遇到的清潔人員是來自美國的Joanna，黑皮膚的她總是頂著一頭美麗的髮辮，擦著只有那膚色才能駕馭的桃紫色口紅。他們兩位每天總是盡責地替我們換兩次乾淨的開水、摺疊雜亂的衣服和床鋪、歸位亂放的物品和清潔浴室。女友為了練習英文，一遇到船上員工就會抓著他們閒聊每日的生活趣事，即使他們聽不懂，卻也都很有耐心地跟她對話，熱烈回應她分享的照片和影片。

能在這麼美的船上工作賺錢，還能跟客人一起去南極，甚至環遊世界，真是一份令我們好奇又羨慕的工作。但閒聊後才知道，這份工作的性質使他們必須遠離家鄉、家人、甚至孩子好幾個月，也要忍受暈船之苦。但無論如何，他們都懷抱著滿腔的服務熱忱和堅持專業的服務態度，對我來說這才是更令人敬佩的，很感謝這段南極行有他們的相伴。

登船前的打招呼。

十一天的南極之夢

我們這趟南極之旅共十七天，扣掉坐飛機和遊阿根廷的六天，我們在海上總共待了十一天，大致可分為船上活動和下船活動。船上活動包括各項設施的使用和參與各種講座。船上提供了洗衣服務、健身房、瑜珈教室、SPA水療和戶外游泳池。

船上的講座皆舉辦在大劇院，講座的主題從各種安全及生態簡報到音樂表演和專業知識分享都有，最令我印象深刻的是在音樂表演中表演長笛的女音樂家，她來自臺灣高雄，不僅是音樂家，更是在日月合朔號上工作的探險員，真是太多才多藝了！超有心的元本旅遊甚至還邀請了兩位團友，在講座中跟大家分享他們獨特的旅遊心得和簡單易懂的理財觀念，更別出心裁地安排盛大的婚禮，替團隊中四對新人舉辦前所未有的超浪漫南極婚禮。這些豐富的設施和活動，加上品嚐不完的五星級美食佳餚，讓我們在船上根本不會感到無聊！

登船第二天早上九點，還在睡夢中就突然聽到船長廣播：「前方出現這段航程的第一塊冰山，歡迎大家到甲板觀賞。」我瞬間從床上跳起來，立馬衝到甲板拍下那塊冰山，並記錄這歷史性的一刻：我們就要到南極了！或許這樣形容有點誇張，但我們如此辛苦地長途跋涉，就是為了能親眼目睹和踏上這塊地球最南端的淨土，期待的心情應該比阿姆斯壯登陸月球時有過之而無不及吧。

登船第四天，我們終於抵達南極。觸目所及都是各種形狀、大小迴異的冰山，真是令人目不暇給。冰山沉靜平穩地漂浮在南極的陽光下，呈現極度的純白，或閃耀著晶瑩剔透的藍色光芒。那種大自然的鬼斧神工所帶來的震撼和感動，讓我滿懷感激和尊敬地欣賞這片美景。我們這趟是很特別的包船旅程，船長直接帶我們穿越南極圈（六十六．五度），讓我們成為名符其實的「南極圈內人」。但因為第一天天

海面上的冰山。

候不佳，我們便在德塔耶島和拉勒曼德港進行衝鋒艇巡遊。因為南極是個受保護的地域，從事任何活動都只能以限載十人的衝鋒艇巡遊或載到定點再進行。搭乘衝鋒艇與南極進行第一類接觸，我們自然是緊張而雀躍的。

在南極的第二天，郵輪抵達展望角和菲什群島，船長才宣布上午可以登陸。但因為我們報名的獨木舟活動也安排在同一時段，只好捨棄第一次的登陸機會。我也曾在其他海島國家划過獨木舟，原本以為不就是那麼回事，但當我們坐上獨木舟，跟著探險員划行，舉目望去，我們被雪白的浮冰和冰山環繞，若非船槳划過平靜的水面激起漣漪，根本無法感覺到時間的流逝，好似進入了一個靜止的世界。探險員帶著我們穿越重重浮冰，一邊欣賞如水墨畫般靜謐的景緻，一邊尋找附近島上的動物身影。很幸運地看到一片阿德利

寒冰之地的衝鋒艇巡遊。

企鵝的棲息地，企鵝們在雪地上用肚皮滑行的模樣煞是可愛。回程的路上又巧遇一群看似想覓食的藍眼鸕鶿，圍繞著我們的獨木舟不停滑動雙腳、抖動翅膀，還不時地洗臉甩頭，優遊自在的模樣讓人佩服牠們抵抗寒冷的天性。

肚子餓的藍眼鸕鶿。

極地獨木舟划行。

踏上人間最後淨土

粉色的企鵝公路。

在南極的第三天上午，我們終於登島了！登上了擁有眾多巴布亞企鵝的彼德曼島，巴布亞企鵝因為從眼睛延伸到額頭有一道白色的斑紋，就像一條英姿煥發的白眉，因此又稱「白眉企鵝」或「紳士企鵝」。在登島前探險員給我們上了一門科普：企鵝的主食是磷蝦，所以排泄物會呈現粉紅色，還夾帶著不甚好聞的濃厚魚腥味。不久後，空氣中開始瀰漫有些難聞的企鵝糞便味，對我們來說，反而成為了預告企鵝大軍來襲的美妙味道。

由於企鵝的天性，牠們會在山頂棲息地到大海之間來回覓食、洗澡和回家哄孩子，加上都是一隻跟著一隻沿著同樣的路徑行走，因此在雪地上就會出現一條一條粉紅色的「企鵝公路」。探險員特別交待我們絕不可以破壞公路，也要禮讓在公路行走的企鵝。我們乘坐衝鋒艇環島一遊，極為幸運地親眼目睹一大群巴布亞企鵝，搖搖晃晃走到海岸邊，擺動小短腿往前俯衝，接著一隻隻跳水的超可愛模樣。探險員也任由我們輕聲尖叫，能夠理解我們的興奮之情。

走在企鵝公路旁。

帶著兩根好棒棒健行。

巴布亞企鵝跳水趣。

正式登島後，我們拿取登山杖，沿著探險員探勘後插好旗子的安全路線健行。為了保護企鵝，我們都必須離企鵝至少五公尺遠的距離。不怕人的企鵝常自顧自地就從我們身邊的企鵝公路大搖大擺經過，有的甚至會滿臉好奇地靠近我們，如果不是探險員隨時緊盯，可能真的會忍不住想要伸手摸摸這些圓滾滾、胖嘟嘟的小東西。探險員原本告知最遲須於上午十一點前回到岸邊，但我們過於流連忘返，結果回到岸邊已經將近十二點了，體貼的探險員並沒有催促我們，只是靜靜地跟在我們身後順便收旗子，即使是最後一組回郵輪上的遊客，貪看可愛企鵝的我們仍覺得時間不夠充足。

在南極的第四天，正巧是聖誕節，船公司特別在巡遊路線上「布椿」，另外開著載滿香檳酒的小船等候我們到來，發給每人一杯香檳，一起慶祝第一次的南極聖誕節，又創造了一個令人驚喜又新奇的新體驗。

第五天的南極，上午氣候稍微有些不穩，還好我們還是進行了奧恩港的登陸和巡遊，我們在這裡看到許多頰帶企鵝。跟巴布亞企鵝相反，牠們是在頭部下面有一條黑色的紋路，使牠們看起來好像戴著一頂黑色的帽子，所以又稱「帽帶企鵝」。初初看到頰帶企鵝，我還以為看到了電影《馬達加斯加爆走企鵝》的主角，後來查了一下，發現還真有不少人在研究電影中到底是哪種企鵝，讓我最認同的結論應該是：巴布亞企鵝的嘴和腳、阿德利企鵝的羽毛，以及頰帶企鵝的臉，三者的混和體。莞爾一笑之餘，自覺這應該也可以列入南極的冷知識之一吧？

南極的聖誕節香檳。

為無人的淨土發聲。

上帝視角的俯瞰

這天的登陸比較特別的是，我們是真正登上南極大陸本體，所以領隊準備了一個南極旗幟讓我們拍照留念。因為南極洲本身有極其特殊的地位和環境，也不屬於任何國家或個人，為了喚起世人為這片無人之境發聲，許多有志之士設計了多款代表南極的旗幟，我們拍照所使用的是由英國旗幟學家、旗幟學協會國際聯盟祕書長格拉曼．巴特拉姆所設計的旗幟，藍色的旗底和白色的南極洲輪廓圖案象徵著中立，當我們舉著這面旗幟，心中浮起一股驕傲和責任感，我們也成為保護南極的一分子了。

搭乘直升機進行南極探險是我們也非常期待的另一場重頭戲。看到網路上有業者形容這會是「用上帝的視角欣賞南極」。但當我們飛上天空往下俯瞰，深刻體會到中國的古老神話裡所描述：盤古開天地，混沌初開的景象。厚厚的雲層籠罩著被冰雪覆蓋的南極大陸，兩者和諧的融為一體。清澈如鏡的海面上漂浮著各種形狀的雪白浮冰，水面下還透出藍色或綠色的光芒與之相互輝映。

這片如同仙境的景色映入眼簾，可說是純粹又純淨得令人窒息。

與此同時，直升機駕駛指引著我們尋找海面下座頭鯨的身影，看著牠們充滿活力地在浮冰間穿梭悠游，敬畏和感恩之心頓起，我是多麼幸運能用這種方式親眼見識南極之美。緊接著駕駛帶我們更上層樓，直接衝破雲層，只見一片豁然開朗、陽光普照，天空瞬間變得明亮湛藍。在那瞬間，我以為會看到一大片無邊際的池水，但只見巨大高聳的山脈也跟著衝出雲層，以一種閑靜從容的態度矗立在半島海岸線上，高調卻又清新脫俗地向我們展現它們數百萬年的存在感。我們沿著山稜線近距離的觀賞半島山脈的壯闊與雄偉，除了再度感受到人類的渺小外，所有的煩惱在壯麗的景觀下顯得十分微不足道。

山稜間的冰之湖泊

雲霧間的冰海

躍入 極凍之洋

這天是我們在南極的最後一個下午，上午的登陸由於天候越來越差，為了安全考量，走到一半探險員就要求我們下山。回到郵輪上，女友有點擔心地問我：「都最後一天了，怎麼都沒有跳水活動的消息？該不會最後取消了吧……」對女友來說，最期待的就是能在南極跳水了。

幸好沒過多久便傳來船長的廣播：「我們現在抵達夏洛特灣，等下就會舉辦大家期待已久的跳水活動，歡迎大家踴躍參加！」我雖然不敢跳水，還是跟興奮的女友走到甲板觀看工作人員的準備工作。天公做美，此時竟出現了這幾天難得一見的溫暖大太陽。

活動即將開始，甲板上擠滿了人，穿著浴袍準備要跳水的團友竟然比我想像中還要多。這時候突然聽到有團友大叫著：「幾乎都是女生要跳耶！」原來現場有那麼多不畏零度冰水的巾幗女英雄。跳水活動正式開始，第一個跳水的竟然就是游董事長！看

跳入水中的女友。

跳水活動準備。

著游董事長以海豚之姿優美地跳入水中，瞬間贏得滿堂喝采，在身旁的女友說：「我也要用那種姿勢跳！」在甲板上幫她錄影的我，只見她舉起雙手，縱身一躍，身體不但沒有如海豚般飛躍，還直挺挺的像一塊飛出去的板子，就這樣「碰！」的一聲撞入海中。只聽身邊觀眾紛紛驚呼了一聲：「她也太勇敢了吧！」

擅長游泳的她，在入水後起身游回跳水臺的過程熟練又帥氣，還不忘跟在甲板上的我揮手，我想，女生就是一種愛美又不怕流鼻水的奇妙生物吧！等女友回到我身邊，她興奮地說：「超好玩的！沒有想像中冷喔！但說完全不冷是騙人的。如果可以，我好想在南極冰洋裡再多游一下……」雖然她繼續勸說我嘗試看看，但看著她開心的表情，我就感到心滿意足了。

結束跳水活動後，船長宣布我們就要離開南極返回烏斯懷亞了。夜裡睡前，女友說：「怎麼那麼快就要離開南極了，我覺得

耀眼的黃色太陽

還有好多地方沒看過癮呀！」每一次美好的旅行何嘗不是如此呢？但來到南極更特別的是，即使每天看到的只有一堆白色冰塊，仍然存在許多令人嘆為觀止的驚喜。最重要的是，在這片天不荒地不老的永恆空間中，真的能感受到身心靈全然的平靜和祥和。我們看著窗外，此時永晝的南極天空，雲層間透出淡淡粉紅和橘色光芒，原來南極不只有白灰藍，還有那麼多顏色啊！此趟南極之旅的長途飛行過程曾讓我自嘲「花錢找罪受」，但親身體驗過南極的純淨之美後，我的人生變得更完整、更富有了。

雖然此行的主要目標是南極，但都大老遠的來到南美洲了，不多看看實在是有點可惜。元本旅遊特別在回臺灣前安排了兩天的布宜諾斯艾利斯參訪。其中最讓我期待的，就是能夠親眼目睹七九大道上的方尖碑。記得二〇二二年阿根廷贏得第三座世足賽冠軍，逾百萬人湧入一同慶祝盛事，那時從電視上看到那種舉國歡騰、萬人空巷的畫面，真的好震撼！雖然我無法親身感受那種瘋狂和激動，但當我俯瞰方尖碑，腦海裡浮現出梅西高舉大力神盃的得意臉孔，心中就能深深體會到阿根廷人的驕傲和榮耀。後來參觀探戈發明地的博卡區時，在色彩繽紛和藝術氛圍濃厚的街道上，我們甚至找到了「世紀球王」馬拉度納的塗鴉和梅西的塑像，合影留念，也算是用另一種方式接觸夢幻球星。

除了方尖碑，我對在馬德羅港女人橋旁邊的薩米斯托護衛艦也有深刻的印象，一艘長八十五公尺的小船竟然可以在三十九年內完成三十七次國際航行，其中甚至包括六次的環遊世界，比兩百六十九公尺的鐵達尼號還「凍」更久，實在是太神奇太厲害了！

馬拉度納的塗鴉與梅西塑像。

在老虎城包船半日遊的行程中，我經歷了最有趣的異國跨年體驗。我們在船上看著兩岸別墅區的人悠閒地曬日光浴、跳水、玩皮划艇和開小遊艇。這裡的人都熱情地回應我們，我想這就是所謂的「水上富人區」吧！在航程即將結束前，我正專心享受著河上暖風的吹拂，導遊突然集合了所有人，說：「準備倒數了！」原來時差十一個小時的臺灣即將要跨年了！於是大中午的，老虎城的人們看著一群臺灣人在船上高舉雙手、歡聲雷動地大聲吶喊：「十、九、八……二、一，新年快樂！」我和女友開心地擁抱親吻，一股感動油然而生，回臺灣前竟然還能與相處十幾天的團友留下如此好玩又特別的共同回憶，這將會是我一輩子都忘不了的記憶吧！

雖然聽聞阿根廷是個通膨過度、治安不太好又政治動盪的國家，但在與布宜諾艾利斯兩天的短暫接觸和導遊的認真介紹下，我覺得這裡就像阿根廷國旗一樣，像是一個耀眼的黃色太陽，充滿陽光、活力，渴求改變和進步，且是個熱愛藝術與蘊含文化的

驚喜無處不在

國家，希望未來有機會能再來一趟阿根廷，深度遊覽這個美好的地方。

因為女友的夢想，間接讓我有機會前往南極探險，更促使我克服了長途飛行的恐懼。我想即使再多文字也無法精確且完整描述南極的美，就算親眼目睹，仍然好似一場夢境。順道也要感謝我的老闆 Jimmy 放行，讓我可以盡情去追夢。幸運的是，在南極行前，我和女友完成了追尋北極光的旅程，也成功看到了極光大爆發。從今以後我可以驕傲地說：「二〇二三年初，我到北極看極光，二〇二三年末，我到南極看企鵝！」

這個世界是如此的廣大，美好與驚喜無處不在，我會不停歇地繼續旅行，追尋更棒的人生目標。

胡瑞升的夢想清單

好似一幅藝術畫

畢業於紐約佩斯大學企業管理行銷暨財務雙碩士，熱愛美食、攝影、旅遊與歷史文化，在紐約的生活教會我獨立自主和女權的可貴，個性有著華人文化底蘊，加上西方的自由奔放。

想用有限的能力探索世界、找我的答案！我是同輩中少數不愛用手機的，被朋友說有個老靈魂。喜歡在旅程中和人聊上幾句，談天說地或者聊人生，這些都是灌溉和滋養我的能量。

那是米開朗基羅畫筆下的天堂——
混沌中有了光，有了日與夜，
有了陸地與海洋……
我瞬間忍不住落淚，久久無法抑制。
是的！我到過天堂，那是一個叫南極的地方！

我的旅行足跡

十年前看了旅遊節目拍攝南極，埋下了心中的憧憬，當時是這麼定義南極的：這個地方是有錢、有閒，還需要有體力才能抵達的地方，未必是人生必去清單。但如果有一天……我也去到世界的盡頭——阿根廷烏斯懷亞港口，登上前往南極的船，也想感受冰山美景的震撼和近距離觀察可愛呆萌的企鵝；也許體驗南極跳水，看看傳說中的冷冽刺骨的瘋狂是什麼滋味！當然，這還只是一顆未萌芽的種子。

走過四十個國家，熱愛歷史文化、地理景觀、美食時尚、運動賽事和設計攝影，有什麼比深度旅遊更能親近這一切呢？希望能從旅遊當中獲取更深更廣的各種見聞，用心聆聽以契合曾經在書上學到的，並增廣外在學不到的。語言和能力允許的國家，就自助安排想去的路線。

考量到語言、交通和治安因素，我選擇參加南極包船旅遊。時間來到了新冠疫情爆發期間，等待已久的郵輪旅程充滿了不確定，旅行社也承擔包船訂金所面臨的壓力。最後這趟南極包船之旅，在延期一年後還是取消了，在這兩、三年中的等待，自己為了長途旅行而放棄、錯過許多事，畢竟要空出十七天以上的行程實在不容易。

二〇二二年我經歷了最痛苦的低潮，無法接受最疼愛我的外婆離去，心像缺了一塊永遠無法彌補，伴隨著接連的打擊，一度像染上失語症般不願說話；內心掙扎了好久好久，發覺需要轉換自己的狀態，一個念頭默默萌芽：或許我應該到大山大水的地方走

丹科島上在雪地裡行走的企鵝。

亞勒群島附近海灣的「象鼻冰山」。

準備充分後 再出擊！

一走，與心靈來場對話！首先去了趟紐西蘭，體驗高空跳傘，更透過高空彈跳縱身一躍——發洩的同時也用一種強烈的方式重生。

因緣際會下看到原班人馬的「南極臺灣團首度包船企劃」將於二〇二三年重啟，我決定帶著媽媽去走一走，完成前往南極的夢。後來我與團員們在船上聊到此事，發現五年前就該同團相遇的某些人，即便時空轉換卻仍舊牽起了緣分！

日月合朔號於同年四月首度下水，是一艘極地探險專用船。船上備有直升機和潛水艇，可由陸海空三種方式探索南極美景，另有獨木舟和立槳行程可供報名，如果參加者有相關經驗的話，就可以更盡興地享受活動。考慮到這一點，我行前特地花了兩個月在臺北雙溪碼頭的「獨木舟日常」學習立槳和獨木舟。在專業輕艇教練阿湯的教學下，我居然克服對水的恐懼，還學出了興趣，假日可以每天輕鬆在臺北河—基隆河划上兩公里，挑戰各種湧浪，相比一開始怕水的狀態，是很勵志的改變。原來人生真的能獲得超乎想像的突破！

曾經造訪過阿拉斯加、俄羅斯、冰島、挪威、丹麥等北極圈極地氣候，所以對極地氣候的裝備和環境都有大致概念，唯一擔心的是，抵達南極前必須先穿越全世界最凶猛海域之一的德瑞克海峽。為了能平安渡海，暈船藥須備好備齊。極地地區氣候變化快速，會看到什麼、遇到什麼都是未知，前往南極的路上，心情既期待又忐忑。

這次飛行加轉機需將近四十個小時，說真的很辛苦。對於穿越德瑞克海峽，我是這麼比喻的：大概是遊樂園海盜船不停歇坐兩天的概念。當下船內晃到難以行走，暈得令人難受，整天窩在床上是最安全的；半夜睡覺一個翻身，若剛好遇到大浪，會整個人飛起來，摔到兩張單人床墊中間卡住，讓很多人都被搖得暈頭轉向。但在抵達南極海域，看到第一座冰山和呆萌企鵝走路時，覺得一切都值得了！

霍特達爾灣的冰山上，躺著一隻沉睡的鋸齒海豹。

霍特達爾灣上似帆船的冰山。

南極企鵝爭霸戰

猶記得平安夜那天下著雪，在我們靠近彼德曼進行第一次登陸前，一群飢腸轆轆的企鵝在海岸邊站著，在第一隻企鵝跳水後，其餘幾隻緊接著全部跟著跳下海水，然後再用最快的速度衝出海面，跳躍著前去覓食；我從來沒有見過企鵝在海上如此活躍，而且數量還如此驚人，不禁被這場面深深震撼。

我曾經在海洋館當過企鵝一日飼養員，所以早在出發南極前，已大致了解企鵝的生活習性。但實際真正接觸到企鵝的棲息地時，還是會被眼前的一切所震懾。石頭是牠們築巢的工具，因此每天都會上演偷走鄰家巢穴的石頭，再用嘴叼回家貢獻給另一半的戲碼。企鵝偷偷摸摸、躡手躡腳挑選石頭的模樣，其姿態像極了獐頭鼠目的小賊，但又被那不靈活的四肢襯托得呆萌可愛。牠們有時會專偷正在孵蛋的企鵝巢穴，對罵吵架是再平凡不過的日常，與人類世界的勾心鬥角成強烈對比。如此返璞歸真的畫面，也讓人反思動物最單純的本能，就是這麼簡單美好。

左：丹科島上的企鵝公路。
中：彼德曼島上正在孵蛋的企鵝們。
右：彼德曼島上，叼著石子築巢的企鵝。

我們登島造訪時為十二月下旬，這時是企鵝孵蛋產寶寶的最後關鍵期，家家戶戶都在忙著孵蛋，讓人感受到了孕育生命的偉大。企鵝一公一母輪流執行孵蛋任務，有時候另一半會在旁站著守護家園，碰到來干擾或偷石頭的鄰居，便會站出來展翅保護；牠們會和另一半輪流出去覓食，回來時循著企鵝公路，總能找到回家的路。

企鵝公路是企鵝生活網絡建構的道路，留有氣味並用以辨別方向。我們可以近距離觀賞企鵝，但必須保持適當距離，遵循不干擾、不驚嚇野生動物的原則，讓企鵝公路永遠綠燈！當牠靠近時，我們必須靜止不動讓企鵝通過，牠們會好奇地停下來看看我們，一旦發現沒有威脅後，就又踏著呆萌的步伐繼續前進。若來到太陸的斜坡，頑皮的企鵝會用肚皮滑雪，一路滑下坡道，這樣的畫面真的很療癒。

捕捉不速之客的身影。

熱鬧的海上派對

平安夜下午，小型衝鋒艇在亞勒群島附近的海灣巡航，我們幸運地得以近距離觀賞到南極三寶：座頭鯨、豹海豹和企鵝。一頭鯨魚正從前方游過，全船屏息拍攝，清楚捕捉到座頭鯨尾鰭的畫面，這時後方有數隻企鵝在海面上跳躍，原本平靜的港灣瞬間熱鬧了起來，企鵝後方有「獵食者」豹海豹，企鵝們飛奔逃命，有幾隻跳到冰山上，無奈情急之下撞上陡壁後又彈回海裡，我們當下也感受到緊張的氣氛。豹海豹好奇地浮出水面觀察我們這群「不速之客」，並快速游到船旁邊撞一下，暫時停止了獵殺企鵝的行動，我們也因此意外捕捉到豹海豹的身影。回程時船長還給大家驚喜，在海中小船開香檳迎接我們，真是美好的一天！

我永遠忘不了聖誕節當天下午看見的情景。當衝鋒艇抵達福尼爾海灣巡航時，有數十頭座頭鯨出沒，牠們在海中發出巨大鳴叫，從海裡傳出一股震撼威力，在海灣間迴盪不已。鯨群的聲音此起彼落，大家的鏡頭都來不及捕捉；此時，前方船邊海面突然有水泡冒出，一隻座頭鯨緊靠船身出水，露出巨大尾鰭後又隱沒，因為一切發生得太過突然，且緊鄰著船身，大家都在驚呼我們竟幸運地受到鯨魚青睞！並捕捉到相當罕見的畫面——座頭鯨獨特的氣泡獵捕法。一般來說，座頭鯨不算群居動物，大部分單獨行動，但由於這個海域有豐富的食物，當有座頭鯨發現可以獵捕的魚群時，會發出震天鳴叫——就像是座標定位——號召鯨群加入獵捕行動，從海底繞圈吐出泡泡形成防堵牆，把魚群圍住，再進而縮小泡泡網後一口吞下。這複雜的氣泡網獵食法還需要後天學習，由母鯨教小鯨，當時也有看到小鯨魚跟著媽媽外出打獵，實在沒有想到如此難見的海洋生態被我們幸運遇到。整座海灣迴盪著鯨魚的鳴叫，這份震撼人心的感動，真正此生難忘！

福尼爾海灣的一隻座頭鯨，正在船邊進行氣泡網獵食。

在南極的夏洛特海灣挑戰立槳！

與意外擦身而過

行程中有幾項活動項目我個人非常推薦：獨木舟、立槳、直升機和南極跳水，這些都必須看天氣狀況而安排調整。因為行前有為期兩個月的立槳訓練，所以我非常希望能成功在南極立槳，穿梭在冰山之間。抵達南極第一天，當我看到立槳教練放在我房間床上的邀請函時，整個人開心極了，忍不住瘋狂地手舞足蹈。只可惜當天風浪太大，只能取消活動；幾經波折後，我終於等到了最後一天的最後一批立槳團！冰山襯著晴朗的藍天和無風的海面，整個畫面美到令人難以言喻；當衝鋒艇開到夏洛特灣時，我們發現海面上有一隻在睡覺的鯨魚，第一個下水立槳的我，小心翼翼地慢慢划水靠近，其他人還在陸續在槳板上站穩腳步，那幾分鐘的時光彷彿凝結，冰山倒影成雙，天地間只有我的呼吸聲和那隻鯨魚的噴氣聲，靜謐間，我彷彿也聽得到自己的心跳聲——那一刻，和碩大海洋哺乳類的近距離連結，讓我內心激起奇妙而不可思議的感受，南極在最後一刻還為我還帶來了驚喜！

左：冰山崩落的畫面遠看十分壯觀，但對我們而言卻是千鈞一髮！（林清華／攝）
右：冰山整個沉入水中，又因密度而再度彈起、沉沒。

大家陸續站上槳板，我則緊跟著教練，模仿她用划槳玩起浮冰冰塊，就像是南極海上曲棍球似的，真是做夢也沒想到的美好體驗。當槳板碰撞到小塊浮冰時，那清脆的感覺和聽覺前所未有，當下我心裡驚嘆：我在玩南極的冰塊耶！回程前我全力衝刺，用最快的速度在南極海域盡情玩立槳，但划沒多遠就想起了教練的叮嚀，她要求團隊的移動範圍不可以離她太遠，她與冰山之間的最近距離，就是我們與冰山的最近距離。立槳活動結束後，所有人登上衝鋒艇準備打道回府時，突然聽到一聲撼天巨響，一塊剛剛我們經過的冰山在我們面前沉了下去，大家震驚數秒之後，它快速浮上來又再度隱沒，整船的人都傻了。大自然的強大力量讓冰山在我們面前崩解。難怪教練要叮嚀我們不能太靠近冰山，景色雖美，但千萬別輕忽個人安危。

直升機的安排取決於當時天候狀況，通常飛行教練會先試著升空飛行，目視能見度和風速等一切條件，確保安全才放行讓船上乘客預約飛行。飛行前一天會收到船上的邀請函，告知平安夜當天直升機飛行的集合時間和地點，我很幸運地被安排到駕駛旁第一排的座位，有著最佳視角，能在高空中親臨體會南極冰山港灣的壯闊和磅礴。

直升機飛到六千公尺高，拉到更靠近山峰的距離，讓我們感受這堅硬的永凍土，是如何被冰河運動切割成現在的石頭風貌。如碎蛋白霜般的碎冰山散落、漂浮在海上，白得如此純粹，美到讓人不自覺屏息。

從直升機上俯瞰壯闊的冰山景色。

放膽 縱身一躍

南極海域的最後一項活動——南極跳水！大多數人會著泳衣，身上綁著繩子跳入這片極寒的冰水中，最後還能獲得一張南極跳水證書，記錄著我們這群瘋狂熱血的臺灣團，在南緯六十四度處跳入了零下〇・七度的海水中，那寒冷尖銳的涼意刺進皮膚，當下依循生存本能，只想到要拚命踢水上岸；甫出水面，便迎來零下七度的冷冽海風，讓我感受到每一個毛細孔都有寒氣滲出，忍不住大喊：「太冷啦！」，雖然全身和頭髮都溼淋淋的，但上岸後沒多久，寒冷的感覺就被血管裡那沸騰的熱情所驅逐，原來「南極跳水」並沒有想像中那麼困難，這對不太會游泳又有點怕水的我而言，簡直是人生的高光時刻呢！

港灣浮冰好似撒在甜點上的蛋白霜。

在夏洛特灣體驗零下〇・七度的南極跳水！

奧恩港是我們南極大陸的最後一站登陸點。

我心摯愛的天堂

預備離開南極的那晚，一群不捨的人於飯後在大廳相聚，隨現場歌聲和鋼琴演奏翩翩起舞，喝著各式酒精飲品。回到房間後我仍舊念叨著南極的美景，心中懷揣著不捨的情緒，來到陽臺再看最後一眼冰山的身影，猶記當時是凌晨十二點半，永晝時分的午夜太陽在冰山後照出炫彩雲層，我趕忙呼喚媽媽一同欣賞，天空上的色彩光芒映襯著雲朵，那是米開朗基羅畫筆下的天堂——混沌中有了光，有了日與夜，有了陸地與海洋……我瞬間忍不住落淚，久久無法抑制。是的！我到過天堂，那是一個叫南極的地方！

方欣的夢想清單

敬南極淨土，敬無畏的我們

Mini

我與KEKE是姐妹，雖然在同一個非常平凡的家庭長大，但個性及人生規劃大大不同。從小的家庭成長環境與經驗，讓我們都成為努力及負責的人。

在高職半工半讀的我，很早就踏出社會工作生活。因為學歷不高，沒有專業技能，也沒想法，所以一直都從事門市服務業，直到三年前才轉成企劃行政人員。

想都沒想過，我們有一天會站在南極
大陸上。
希望與我們有緣的你，翻開此書，成
為跟我一樣「沒有想過的自己」。
想做就要去做——即使只是想吃一
碗記憶中的乾麵——別留下遺憾！

唯有 親身體驗

從來沒有想過我會寫書，也從來沒有想過我的人生可能因此大不同。人生的道路很長，每天都在面臨選擇，家庭、工作、朋友的故事，讓我們倆常懷感恩的心，因為疫情更改變現階段的人生目標。

感謝元本旅遊的創意，讓我能有機會思考與體驗到人生不同的可能性。引用元本旅遊的理念「以人為本」，這趟旅程真的是以人為主，寒冷行程安排中卻飽含令人感動的溫度，文字匱乏的我們因此願意參與，更藉此給自己一個出書留念的機會。

我一直以來都為了應付生活所需而埋頭工作賺錢，可能因為是家裡第一個先踏入社會的孩子，所以每當天冷，就會想提醒家人要保暖，看到覺得適合的物品，就會想買給家人，習慣性地照顧家人，鮮少想過要對自己好。直到六年前，用身上的一點積蓄買了一間讓自己安心的小宅，人生中的第一間房，算是給自己四十歲的生日禮物。

但在三年前因故把房賣掉後，小賺了一些，才有了這筆去南極的旅費。不過這是我人生第一次在娛樂項目上花這麼大一筆錢，所以也很意外自己能有如此大的砸錢勇氣，實在不像我。後來才發覺，應該是一直以來只知道要賺錢供給生活所需的我開竅了，明白生活應該要過得精彩，才能不留遺憾。

我當下決定，並鼓起勇氣開口向主管請一年後的長假，這種過程所獲得的結果，其實是超乎我意料的，卻帶來了我人生中深刻的印記。雖然我因為這趟旅程把錢都花光了，但是卻得到無法用任何工具來衡量的價值，唯有親身體驗，才知其中的感動。

有一種黑叫「南極黑」，在經歷多日的南極探險之後，它藉著日光在我的肌膚上留下勇敢冒險的痕跡。我帶著一身南極黑拚命寫稿，想趁回憶褪色之前用文字記錄下來，突然，親愛的阿嬤打電話來：「花八十萬，玩得開心嗎？」

我假裝抱怨道：「哎呀，妳是不是到處跟人家說，妳的兩個孫女花很多錢出去玩？這樣不行喔！」

阿嬤卻說：「不會不會，這是應該的啊！開心快樂才是最要緊的！」

聽見阿嬤的話，我內心油然升起一種感激。我的阿嬤實在棒呆啦！愛您！

我的阿嬤最棒啦！

賓至如歸的郵輪行

抵達世界最南端城市「烏斯懷亞」的第一天，終於結束了三十四個小時的飛行，我們帶著期待與興奮踏上郵輪，聽著音樂、喝著迎賓香檳，這是我人生第一次的郵輪之旅，即將前往這輩子未曾想過的地點——南極半島。

登上郵輪後，由管家帶我們到房間，看著舒適的房間與各種設施，我們不禁連連讚嘆、驚呼不斷，一直拿在手上錄影的「郵輪開箱」影片，不知不覺都錄到了足足十分鐘。在郵輪上的旅程非常地舒適，受過專業訓練的管家都知道暈船如何處理，讓我們備感貼心；知道我們英文不好，也會建議如何提升英文能力。最讓人感動的是，聖誕節當天我們回房間時，床上竟然放著薑餅人及卡片等禮物，也太用心了吧！後來團員間相互分享此事，得知下午有進行清潔的房間，都會在床上發現這個聖誕小驚喜，且每個管家創意不同，太感謝他們了！

踏入
南極圈！

郵輪行駛在鼎鼎大名的德瑞克海峽上，我們聚集在船長室，坐在船長的位置觀賞這座海峽，看見風浪翻騰二至三公尺。這還只能算小巫見大巫，當我們返航再次經過德瑞克海峽時，風浪竟然高達四到六公尺！郵輪也因此比去航時還晃，夜裡睡覺，我能明顯感受到被子忽遠忽近的。不過我們也快速適應這種搖晃狀態，有時在瑜珈教室裡看著海浪一下高一下低，我們也配合著搖晃做瑜珈，我將其命名「風浪瑜珈」，著實是一次非常特殊的體驗！

體驗坐在船長室！

我們還嘗試了郵輪上的健身房設施，人生中第一次的TRX訓練，獻給了超級nice的教練Viktor Martin。郵輪上的餐廳更是有著多種選擇，每天都有驚喜。我最喜歡在早餐時享用牛排，偶爾改吃羊排或是茶葉蛋搭配油條換換口味，也熱愛品嚐每天不同顏色的現打果汁。

TRX懸吊式阻抗訓練

是一種懸吊式運動，參與者隨著音樂的節奏，透過懸吊於天花板的尼龍繩與自身體重，做出不同姿勢以鍛鍊不同部位的肌肉群。.

除了TRX訓練外，我也在這艘郵輪上有了諸多的第一次體驗，像是立槳活動，大家似乎都玩得情緒高漲，竟也紛紛自願落水，我想帶領我們的教練，應該始料未及吧？我們就這麼躺在南冰洋裡，靜靜感受大自然的呼吸。除此之外還有首次的直升機體驗、獨木舟體驗，更穿越了南極洲最美水道——勒梅爾海峽，也看到南極大陸最高的山——弗朗西斯山，探險隊長說這是非常難得的經驗，我們真的很幸運。千萬年的冰川壯闊無比，某一瞬間的雪崩被我掃進眼底，刻印在心裡……忘不了，只想說我們真的要好好地愛惜地球。

在看見冰山的隔天，郵輪進入了南極圈，這真是歷史性的一刻！對地理經緯度毫無概念的我，也跟著興奮地急忙用手機截圖指南針畫面，想留作踏入南極圈的紀念。

第一次的體驗，難以忘懷！

首次下船的巡遊體驗，我們手忙腳亂穿上裝備，在下著雪的南極冰洋，親眼見識一座座巨大冰山。聽導遊說，每一座我們看見的冰山，其實還有百分之七十藏在湛藍冰洋之下。我注視著這些裸露在外的部分，難以想像它們實際上該有多龐大啊！

也幸運地看到了海獅、南極小鬚鯨等動物們，牠們自在而可愛的模樣，讓身邊的手機拍攝聲音停不下來，通通都收藏進我們的相簿裡啦！帶來震撼視覺的絕對是座頭鯨的出現，那完美的姿態，親歷其境的我們，無一不驚叫！

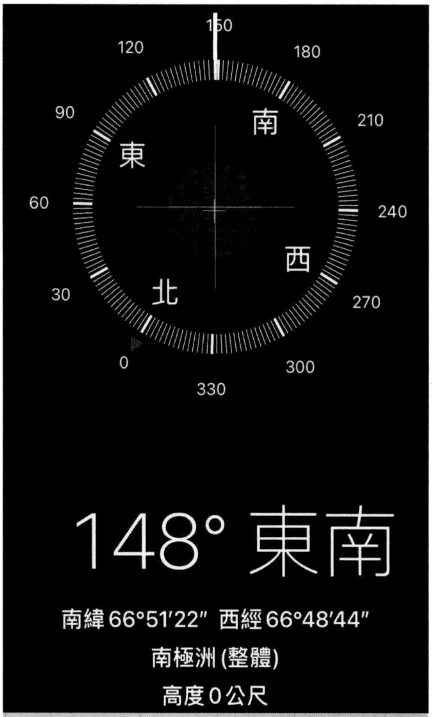

踏入南極圈！

我們還見證了一場舉辦在南極永晝之下的日不落婚禮，所謂「執子之手，與子偕老」，真是幸福無比啊！

旅程第五天，在踏上南極大陸的那瞬間，我興奮得無法用言語形容，說不出的感動，於是我哭了。原來人生可以這樣精彩，自由地活出自己。探險員 Noniko 的直笛音樂會，更是帶來平安夜的感動氛圍，讓我們深刻的記得，期待她回臺後在 YouTube 的影片。

第八天我們再次登上飄著雪的南極大陸，行於探險員為我們在雪地裡開的路上，雖然無法登頂，但一點都不遺憾，反而讓我們有更充足的時間去感受這飄雪的美景。

來南極還有一件既期待又害怕的事——極地跳水，身體不太好的我，其實內心一直很是掙扎。最後，我做

擁抱冰藍色的雪之國度。

到了！在美麗的夏洛特灣，藍天陽光下，我用走水的方式進入南冰洋中，我躺在水面上，體驗了這一次負〇．七度的極地「走」水。

在南極的最後一晚，拍下午夜的太陽，將日不落烙印在心。一早，我們在做完風浪瑜珈後，到咖啡廳整理南極的相片，就這樣意外地答應接受採訪，最後KEKE都哭了呢！

原來南極是個如此令人過癮的地方！獨木舟、立槳、跳冰洋、搭直升機……，從來沒有想過可以嘗試這麼多平常接觸不到的活動！

在這裡，每天都有可以讓我們「哇」一聲的美好回憶，我發現……或許身邊的人正是快樂旅行的關鍵。旅行中的玩伴對了，就什麼都對了！

歡迎與我一同前往，體驗並感受這片最後的淨土。

跳水證書－又完成了一個里程碑！

南極午夜的太陽。

在南極洋上愜意地來一杯香檳吧！

好的旅伴打造美好的旅行回憶。

Mini 的夢想清單

名詞對照表

譯名	原文
TRX 懸吊式阻抗訓練	Total Resistance Exercises
ㄅ	
巴布亞企鵝（又稱為金圖企鵝、白眉企鵝或紳士企鵝）	Gentoo Penguin
巴塔哥尼亞	Patagonia
巴西	Brasil
巴爾幹半島	Balkans
玻利維亞	Bolivia
柏迪耶	Bordier
博卡區	La Boca
白金漢宮	Buckingham Palace
拜倫勳爵，1788-1824	George Gordon Byron
北非	North Africa
北極	Arctic
貝殼峽谷（即卡法亞特峽谷）	Quebrada de las Conchas
貝爾格拉諾將軍（1770-1820）	Manuel Belgrano
豹海豹	leopard seal
比利時	Belgique
比格爾海峽	Beagle Channel
彼德曼島	Petermann Island
冰島	Iceland
冰雪奇緣（2013）	Frozen
布列塔尼	Bretagne
布斯島	Booth Island
布宜諾斯艾利斯	Buenos Aires
ㄆ	
波多黎各	Puerto Rico
波羅的海	Baltic Sea
波斯尼亞海灣	Gulf of Bothnia
普羅旺斯	Provence
普爾馬馬爾卡	Purmamarca

譯名	原文
ㄇ	
馬達加斯加爆走企鵝（2014）	Penguins of Madagascar
馬特洪峰	Matterhorn
馬拉度納（1960-2020）	Diego Maradona
馬丘比丘	Machu Picchu
馬雅文明	Cultura maya
蘑菇石	El Hongo
魔鬼的咽喉	Garganta del Diablo
墨西哥	Mexico
邁阿密	Miami
梅西（1987-）	Lionel Andrés "Leo" Messi
美國	United States of America, U.S.A.
帽帶企鵝（又稱為南極企鵝、紋頰企鵝）	Chinstrap Penguin
曼努爾 ・ 貝爾格拉諾騎馬像	Equestrian monument to General Manuel Belgrano
門多薩	Mendoza
米開朗基羅（1475-1564）	Michelangelo di Lodovico Buonarroti Simoni
秘魯	Peru
明天過後（2004）	The Day After Tomorrow
ㄈ	
菲什群島	Fish Islands
芬蘭	Finland
憤怒鳥公園	Angry Bird Playground
弗朗西斯山	Mount Francis
浮世繪	浮世絵／うきよえ／Ukiyo-e
福尼爾灣	Fournier Bay
復活島	Rapa Nui ／ Isla de Pascua ／ Ester Island
ㄉ	
達霍廷冰川	Hotine Glacier
達爾曼	Dallmann
大鹽湖	Salina Grandes
德塔耶島	Detaille Island
德隆克灣	Deloncle Bay
德瑞克海峽	Drake Passage
倒數第二個男朋友（2007）	Good Luck Chuck

譯名	原文
丹麥	Danmark
丹科島	Danco Island
杜拜	Dubai
多倫多大學	University of Toronto
動物星球頻道	Animal Planet
ㄊ	
塔拉姆佩雅國家公園	Parque Nacional Talampaya
塔林	Tallinn
探索頻道	Discovery Channel
探索者號	Polar Explorer
鐵達尼號（1997）	Titanic
天地一沙鷗（1970）	Jonathan Livingston Seagull
土耳其航空	Turkish Airlines
ㄋ	
南島	South Island
南極半島	Antarctic Peninsula
南極條約	Antarctic Treaty
南極圈	Antarctic Circle
南極小鬚鯨	Antarctic minke whale
南極燕鷗	Antarctic Tern
南喬治亞島	South Georgia
南昔得蘭群島	South Shetland Islands
尼羅河	Nile
尼加拉大瀑布	Niagara Falls
鳥島	Bird Island
紐西蘭	New Zealand
紐約	New York
黏壺	dashpot
挪威	Norge
ㄌ	
拉普蘭	Lappland
拉勒曼德港	Lallemand Fjord
勒梅爾海峽	Lemaire Channel
雷科萊塔公墓	La Recoleta Cemetery／Cementerio de la Recoleta

譯名	原文
老虎城	Tigre
老人與海（1952）	The Old Man and the Sea
藍眼鸕鶿	Blue-eyed shag
里耶卡	Rijeka
里約熱內盧	Rio de Janeiro
立式槳板運動（SUP）	Stand-Up Paddling
利馬	Lima
磷蝦	Krill
路易斯湖	Lake Louise
羅伯特 · 史考特（1868 – 1912）	Robert Falcon Scott
羅阿爾 · 阿蒙森（1872-1928）	Roald Engelbregt Gravning Amundsen
羅瓦涅米	Rovaniemi
洛杉磯	Los Angeles, L.A.
綠色和平組織	Greenpeace
ㄍ	
格拉曼 · 巴特拉姆	Graham Bartram
格朗迪迪埃海峽	Grandidier Channel
國會廣場	Plaza del Congreso
國際南極旅遊組織協會（IAATO）	International Association of Antarctica Tour Operators
國際鳥盟	BirdLife International
國家地理頻道	National Geographic
滾球場	Cancha de Bochas
ㄎ	
卡布奇諾	Cappuccino
卡法亞特	Cafayate
科隆劇院	Teatro Colón
克魯斯山	Mount Cross
克羅埃西亞	Croatia
克羅伊港	Port Lockroy
凱米	Kemi
凱肯酒莊	Kaiken
ㄏ	
哈里發塔	Burj Khalifa
荷蘭	Nederland

譯名	原文
赫爾辛基	Helsinki
胡利奧 ・ 阿亨蒂諾 ・ 羅卡（1843-1914）	Alejo Julio Argentino Roca Paz
火地島	Tierra del Fuego
霍特達爾灣	Holtedahl Bay
紅髮艾德（1991-）	Ed Sheeran
ㄐ	
基多	Quito
加拿大	Canada
加拉巴哥群島	Galápagos Islands
ㄑ	
潛水艇石	El Submarino
ㄒ	
西西里島	Sicily
下龍灣	Halong Bay
夏洛特灣	Charlotte Bay
休吉冰川	Hugi Glacier
象鼻海豹	Elephant seal
星凝天蝕	Scenic Eclipse
行向曠野（1818）	Into the Wild
ㄓ	
智利	Chile
展望角	Prospect Point
ㄔ	
查爾斯 ・ 勒梅爾（1863-1925）	Charles Lemaire
ㄕ	
十四彩山	Serranias Del Hornocal
食蟹海豹	Crabeater seal
時代廣場	Times Square
世界企鵝關注日	World Penguin Awareness Day
少年 Pi 的奇幻漂流（2012）	Life of Pi
杉本博司（ 1948-）	Hiroshi Sugimoto
神奈川沖浪裏，1831-1833	The Great Wave off Kanagawa ／ かながわおきなみうら
聖保羅	São Paulo

譯名	原文
水世界（1995）	Waterworld
ㄖ	
日月合朔號二代艦	Scenic Eclipse II
人面獅身	La Esfinge
瑞典	Sverige
ㄗ	
賊鷗	skua
髒冰	dirty Ice
阻尼	damping
阻尼器	shock absorber / damper
座頭鯨	humpback whale
ㄘ	
彩繪谷	valle pintado
ㄙ	
斯德哥爾摩	Stockholm
斯特雷舍半島	Stresher Peninsula
斯里蘭卡	Sri Lanka
撒哈拉	Sahara
薩米斯托	Sarmiento Frigate Ship Museum
薩爾塔	Salt
ㄧ	
伊納里	Inari
伊瓜蘇瀑布	Iguazu Falls
伊沙瓜拉斯托國家公園	Ischigualasto Provincial Park
伊斯坦堡	Istanbul
伊娃 · 裴隆（1919-1952）	María Eva Duarte de Perón
伊瓦洛	Ivalo
亞馬遜雨林	Amazonia
亞勒群島	Yalour Islands
雅典人書店	El Atheneo Grand Splendid
英國南極地名委員會（UK-APC）	UK Antarctic Place-Names Committee
ㄨ	
烏斯懷亞	Ushuaia
烏蘇拉	Ursula

譯名	原文
五月革命	Revolución de Mayo
五月廣場	Plaza de Mayo
威廉希爾博物館	Museo de Sitio "William Sill"
威靈頓牛排	Beef Wellington
韋德爾氏海豹	Weddell seal
韋林格勒半島	Velingrad Peninsula
完美無瑕（2017）	Perfect
ㄩ	
月亮谷	Valle de Luna
ㄚ	
阿姆斯壯（1930-2012）	Neil Alden Armstrong
阿德里安 · 德 · 熱爾拉什（1866-1934）	Adrien de Gerlache
阿德利企鵝	Adeliae Penguin
阿拉斯加	Alaska
阿聯酋航空	Emirates
阿根廷	Argentina
阿根廷別為我哭泣（1996）	Don't Cry for Me Argentina
阿根廷鋼花	Floralis Generica
阿根廷總統府（直譯「粉紅色建築」，亦稱「玫瑰宮」）	Casa Rosada
ㄜ	
厄瓜多	Ecuador
俄羅斯	Russia
ㄞ	
埃米爾 · 丹科（1869-1898）	Émile Danco
埃塞薩國際機場	Aeropuerto Internacional Ministro Pistarini
愛德華多 · 卡塔拉諾（1917-2010）	Eduardo Catalano
愛沙尼亞	Estonia
ㄠ	
奧古斯特 · 彼德曼（1822-1878）	August Petermann
奧恩港	Orne Harbour
ㄢ	
安地斯山脈	Cordillera de los Andes

我的夢想清單04　PE0218

追夢到南極

日月合朔 極地探索，奢華之最 圓夢之旅

作　　者　南極圓夢家（Cindy、紀達、小布希、蘇昱彰、柯佩君、江亦靜、王瑩、陳怡吟、詹文河、黃郁晴、郭春和、KIRIKOU、朱芝華、KEKE、胡瑞升、方欣、Mini、林清華）
責任編輯　劉芮瑜、吳霽恆
圖文排版　陳彥妏
封面設計　王嵩賀

主題策劃　元本旅行社
出版發行　釀出版（秀威資訊科技股份有限公司）
114 台北市內湖區瑞光路76巷65號1樓
電話：+886-2-2796-3638　傳真：+886-2-2796-1377
服務信箱：service@showwe.com.tw
http://www.showwe.com.tw
郵政劃撥　19563868　戶名：秀威資訊科技股份有限公司
展售門市　國家書店【松江門市】
104 台北市中山區松江路209號1樓
電話：+886-2-2518-0207　傳真：+886-2-2518-0778
網路訂購　秀威網路書店：https://store.showwe.tw
國家網路書店：https://www.govbooks.com.tw
法律顧問　毛國樑　律師
總 經 銷　聯合發行股份有限公司
231新北市新店區寶橋路235巷6弄6號4F
電話：+886-2-2917-8022　傳真：+886-2-2915-6275

出版日期　2024年7月　BOD一版
定　　價　590元

讀者回函卡

Printed in Taiwan

國家圖書館出版品預行編目

追夢到南極：日月合朔 極地探索,奢華之最 圓夢之旅 / 南極圓夢家著. -- 一版. -- 臺北市：醸出版, 2024.07
面； 公分. --(我的夢想清單；4)
BOD版
ISBN 978-986-445-946-9(平裝)

1.CST: 遊記 2.CST: 南極

779.9 113006904

what if every
moment was
a milestone?
Antarctic Peninsula · Photo by Steve McCurry

2025
航向北極
Silver Endeavour
銀海極致 成就極致

南極半島
18 Days

南極大陸是指南極洲除周圍島嶼以外的陸地，是世界上發現最晚的大陸，它孤獨地位於地球的最南端，南極大陸95%以上的面積為厚度極高的冰雪所覆蓋，素有「白色大陸」之稱。

Antarctic Peninsula

出發日期						
	2025	11/14	11/24	12/04	12/16	12/26
	2026	01/03	01/13	02/06	02/14	

圓夢價 **619,000** 元起

三島
南極半島 / 福克蘭群島 / 南喬治亞島
28 Days

福克蘭群島曾經是阿根廷和英國之間的爭端地區，現為是英國的海外領地；這座群島是由約200個島嶼組成，以其悠久的歷史、美麗的自然景觀和多樣的野生動植物而聞名。

南喬治亞島是南大西洋中的一個火山島島嶼，該島更是一個重要的野生動物棲息地，擁有大量的海鳥、海豹和企鵝等物種，吸引了眾多科學家和遊客前來研究和探索。

South Georgia

出發日期		
	2025	11/20
	2026	01/24

圓夢價 **1,339,000** 元起

This is your moment™
A Seabourn voyage isn't just about going somewhere.
It's about being moved. Deeply. Joyfully.